Fördern lernen – Prävention
Herausgegeben von
Stephan Ellinger

Band 14

Winfried Palmowski

Systemische Beratung

Systemisch denken und systemisch beraten

Verlag W. Kohlhammer

Umschlag: Gestaltungskonzept Peter Horlacher
Umschlagmotiv: © istockphoto.com/Steve Debenport
Gesamtherstellung:
W. Kohlhammer Druckerei GmbH + Co. KG, Stuttgart

ISBN 978-3-17-021803-1

Vorwort des Reihenherausgebers

Die Reihe *Fördern lernen* umfasst drei klare thematische Schwerpunkte. Es sollen erstens die wichtigsten *Förderkonzepte und Fördermaßnahmen* bei den am häufigsten vorkommenden Lern- und Verhaltensstörungen dargestellt werden. Zweitens gilt es, die wesentlichen Grundlagen pädagogischer Beratungsarbeit und die wichtigsten *Beratungskonzepte* zu diskutieren, und drittens sollen zentrale *Handlungsfelder pädagogischer Prävention* übersichtlich vermittelt werden. Dabei sind die Bücher dieser Reihe in erster Linie gut lesbar und unmittelbar in der Praxis einzusetzen.

Im *Schwerpunkt Intervention* informiert jeder einzelne Band (1–9) in seinem ersten Teil über den aktuellen Stand der Forschung und entfaltet theoriegeleitet Überlegungen zu Interventionen und Präventionen. Im zweiten Teil eines Bandes werden dann konkrete Maßnahmen und erprobte Förderprogramme vorgestellt und diskutiert. Grundlage für diese Empfehlungen sollen zum einen belastbare empirische Ergebnisse und zum anderen praktische Handlungsanweisungen für konkrete Bezüge (z. B. Unterricht, Freizeitbetreuung, Förderkurse) sein. Schwerpunkt des zweiten Teils sind also die Umsetzungsformen und Umsetzungsmöglichkeiten im jeweiligen pädagogischen Handlungsfeld.

Die Bände im *Schwerpunkt Beratung* (10–15) beinhalten im ersten Teil eine Darstellung des Beratungskonzeptes in klaren Begrifflichkeiten hinsichtlich der Grundannahmen und der zugrundeliegenden Vorstellungen vom Wesen eines Problems, den Fähigkeiten des Menschen usw. Im zweiten Teil werden die Methoden des Beratungsansatzes anhand eines oder mehrerer fiktiver Beratungsanlässe dargestellt und erläutert, so dass Lehrkräfte und außerschulisch arbeitende Pädagogen konkrete Umsetzungen vornehmen können.

Die Einzelbände im *Schwerpunkt Prävention* (16–21) wenden sich *allgemeinen Förderkonzepten und Präventionsmaßnahmen* zu und erläutern praktische Handlungshilfen, um Lernstörungen, Verhaltensstörungen und prekäre Lebenslagen vorbeugend zu verhindern.

Die Zielgruppe der Reihe *Fördern lernen* bilden in erster Linie Lehrkräfte und außerschulisch arbeitende Pädagogen, die sich entweder auf die Arbeit mit betroffenen Kindern vorbereiten oder aber schnell und umfassend gezielte Informationen zur effektiven Förderung oder Beratung von Betroffenen suchen. Die Buchreihe eignet sich auch für die pädagogische Ausbildung und als Zugang für Eltern, die sich nicht auf populärwissenschaftliches Halbwissen verlassen wollen. Die Autorinnen und Autoren wünschen allen Leserinnen und Lesern ganz praktische *Aha*-Erlebnisse!

Stephan Ellinger

Einzelwerke in der Reihe *Fördern lernen*

Intervention
Band 1: Förderung bei sozialer Benachteiligung
Band 2: Förderung bei Lese-Rechtschreibschwäche
Band 3: Förderung bei Rechenschwäche
Band 4: Förderung bei Gewalt und Aggressivität
Band 5: Förderung bei Ängstlichkeit und Angststörungen
Band 6: Förderung bei ADS/ADHS
Band 7: Förderung bei Sucht und Abhängigkeiten
Band 8: Förderung bei kulturellen Differenzen
Band 9: Förderung bei Hochbegabung
Beratung
Band 10: Pädagogische Beratung
Band 11: Lösungsorientierte Beratung
Band 12: Kontradiktische Beratung
Band 13: Kooperative Beratung
Band 14: Systemische Beratung
Band 15: Personzentrierte Beratung
Prävention
Band 16: Berufliche Eingliederung
Band 17: Förderung der Motivation bei Lernstörungen
Band 18: Schulische Prävention im Bereich Lernen
Band 19: Schulische Prävention im Bereich Verhalten
Band 20: Resilienz
Band 21: Hilfen zur Erziehung

Inhalt

Einleitung

Unser Denken und unser Handeln sind sehr eng miteinander verwoben. Die Art und Weise, wie wir Dinge wahrnehmen und sie bewerten, entscheidet darüber, wie wir mit ihnen umgehen werden. Ändert sich unser Denken, verändert sich auch unser Handeln. Da Denken eng an Sprache gebunden ist, gilt dieser Gedanke auch für die Art und Weise, wie wir sprechen. „Wir sprechen nicht nur so, wie wir sind, wir werden auch so, wie wir reden", schreibt Jesper Juul (2004, 157).

Eine einfache Art, Veränderungsprozesse in seine Handlungsmuster hineinzutragen, besteht demnach darin, sich einzulassen auf neue und andere Denkmodelle und Sichtweisen. „Ausprobieren, wie es wäre, wenn es nicht so wäre, wie es ist", lautet einer meiner Lieblingssätze von Peter Bichsel (2002, 44). Dies ist der Sinn und Zweck von theoretischer Argumentation, Reflexion und theoriebasiertem Gedankenaustausch. Wenn ein ungewohnter oder bislang unbekannter Gedanke plausibel und nützlich erscheint, wird er dazu führen, dass wir auf bestimmte Phänomene – etwa das Verhalten von Schülern, Eltern oder Kollegen – anders reagieren als bisher. Insofern erscheint es mir sinnvoll und notwendig, auch in einem Buch, das die *Praxis* der systemischen Beratung zum Gegenstand hat, zu erläutern, auf welchen Überlegungen diese Praxis beruht.

Veränderung ist dabei natürlich kein Selbstzweck, sondern das Mittel der stetigen Verbesserung der Qualität und der Effizienz von Systemen, hier der Schule. Über „lernende Organisationen", „eigenverantwortliche Schulen" und die „Schule der Zukunft" ist in den letzten Jahren sehr viel geschrieben und sehr viel geredet worden. Dabei sind in zahlreichen Entwicklungsprozessen oft erhebliche Energien investiert worden, nicht immer mit dem gewünschten Ergebnis.

Ein zentraler Denkfehler liegt hier meines Erachtens darin, dass sozusagen auf der Ebene der harten Realitäten operiert wird: Veränderungen betreffen das System Schule, das System Schulaufsicht, die formale Struktur der Lehrerausbildung oder es wird der flächendeckende „gemeinsame Unterricht" eingeführt. Was bei diesen Prozessen auf der Strecke bleibt oder nicht mithält ist die Ebene des veränderten Denkens, denn:

Die Geschichte der Ideen ist die Grundlage der Geschichte der Institutionen und nicht umgekehrt.

Nur verändertes Denken führt zu verändertem Handeln. Die bloße Veränderung von Strukturen (wie z. B. neue Lehr- oder Bildungspläne, Bildungsmanagement statt Schulaufsicht, Umbenennung von Förderschulen in Förderzentren ...) reicht nicht.

Spätestens an dieser Stelle kommt der Begriff der Beratung ins Spiel. Systeme, wie Schulen es sind, die autonom und in Eigenverantwortung ihren Entwicklungsprozess vorantreiben und ein individuelles Profil entwickeln sollen, brauchen auch Zeit und Raum – eine „reflexive Schulkultur" – für intensive und kontinuierliche Prozesse des „Sich-Miteinander-Beratens". Wie systemische Beratungsideen und Formen für diese Prozesse (und für andere Problemlösungen) genutzt werden können, ist Thema und Gegenstand dieses Buches.

Aus diesem grundlegenden Vorspann ergibt sich folgender Aufbau dieses Buches:

Zunächst werde ich begründen, wieso Beratung im schulischen Kontext immer mehr an Bedeutung gewinnt (Kapitel 1) und welches Verständnis von Beratung hier zugrunde liegt (Kapitel 2).

In Kapitel 3 werde ich vier Ideen vorstellen, die als theoretische Grundlegungen systemischer Beratungspraxis verstanden werden können. In den Teilen 4 und 5 finden sich Bausteine der Praxis systemischer Beratung.

Kapitel 4 enthält neben der zentralen Denkfigur „statische Probleme umzuformulieren in verantwortete Entscheidungen" und Hinweisen zur Vorgehensweise bei Beratungsgesprächen als Hauptteil des Buches eine umfangreiche Übersicht und viele Beispiele für „angemessen ungewöhnliche Fragen".

Kapitel 5 bietet zusätzliche – wie ich finde hilfreiche –, aber wohl nicht unbedingt notwendige weitere Anregungen für die Organisation und Durchführung systemischer Beratungsgespräche.

1

Wieso Beratung und Beratungskompetenz immer wichtiger werden

Klient: *Mir steht das Wasser bis zum Hals. Was soll ich nur machen?*
Berater: Lassen Sie den Kopf nicht hängen!

In früheren Jahren wurde Beratung im schulischen Kontext nur punktuell eingesetzt. Es gab:

- die Elternberatung, die als ein Element von Elternarbeit angesehen wurde,
- die Schullaufbahnberatung, in deren Rahmen Lehrer Vorschläge oder Empfehlungen aussprachen für den weiteren Schulbesuch ihrer Schüler,
- die Berufsberatung in den Abschlussklassen, in der Regel durchgeführt von den Mitarbeitern des Arbeitsamtes,
- Beratung für Referendare von ihren Fachleitern und

- Supervision, sprich: hin und wieder kam es in dem einen oder anderen Kollegium zu Beratungsprozessen im Team.

In aller Regel sahen sich die „Berater" als die Experten für das Auffinden der bestmöglichen Lösung für anstehende Probleme oder notwendig gewordene Entscheidungen.

Vergleicht man diese Rückblende mit dem gegenwärtigen Bild, so wird schnell deutlich, dass sich in punkto Beratung Wesentliches getan hat. Im Kontext von Inklusion und Kooperation beraten sich Grund-, Regel- und Förderschullehrer, aus der Elternarbeit ist Elternmitarbeit geworden und Schüler, die selbstorganisiert lernen (sollen), werden selbstverständlich zu Partnern im Dialog. Der Erwerb der Beratungskompetenz ist fester Bestandteil in der Ausbildung von Referendaren (oder sollte es zum Mindesten sein), Sonder- oder Förderschulen nennen sich heute „Förder- und Beratungszentrum" und an allen Schulformen gibt es den „Beratungslehrer".

Der zentrale Grund für das Anwachsen von Beratung und Beratungsbedarf, der – wie sich gleich zeigen wird – in vielerlei Facetten zum Vorschein kommt, liegt in der stetig wachsenden Delegation von Verantwortung und Entscheidungskompetenzen aus übergeordneten Instanzen an die sogenannte Basis sowie aus dem sich daraus ergebenden Arbeiten an „Lösungen vor Ort".

Dabei gilt dieser Gedanke sowohl für die Schule als Institution und als (lernende) Organisation als auch für die in ihr stattfindenden Inhalte, sprich pädagogisches und unterrichtliches Handeln. Postmoderne Pluralität zwingt auch hier zunehmend zur Aushandlung eigener und gemeinsamer Positionen und Plattformen.

Deshalb werde ich die Ausgangshypothese eines stetig wachsenden Beratungsbedarfes zunächst für Schule allgemein und danach in ihrer Bedeutung für pädagogisches Handeln konkretisieren und begründen.

Beratung im Schulentwicklungsprozess

Für Schule als Organisation und Institution wird die Bedeutung von Beratung unter anderem in folgendem Veränderungsstrang erkennbar. Im Kontext von Schulentwicklung (bzw. Schulentwicklungsprogrammen,

-prozessen, Profilbildung etc.) wird die einzelne Schule als das System angesehen, das als eigenständige Größe, als „eigenverantwortliche Schule" den eigenen Veränderungsprozess betreibt und das als „lernende Organisation" sowohl in den Bereichen der administrativen Selbstverwaltung als auch der pädagogischen Programmatik zunehmende Autonomie beanspruchen kann und diese auch erhält (Bildungskommission NRW, 1995)[1].

Diese Entwicklung ist im Zusammenhang zu sehen mit gesamtgesellschaftlichen Veränderungsprozessen, die sich zusammenfassen lassen unter dem Stichwort „Postmoderne" (Welsch, 1988) und den darin enthaltenen Tendenzen zu Pluralität, Individualisierung und Differenzierung, „bunter Vielfalt" eben.

Der begrüßenswerten Möglichkeit zu mehr Individualität und Eigenständigkeit, der Formulierung unverwechselbarer Profile und inhaltlicher Schwerpunktsetzung steht die Notwendigkeit gegenüber, diesen Prozess nach außen hin transparent zu gestalten und durch kontinuierliche Evaluation vor sich selbst und vor den relevanten Bezugssystemen zu verantworten (Stichwort: Rechenschaftslegung).

Als weitere wünschenswerte Veränderungen könnte man nennen:

* Kooperationsprozesse werden häufiger werden.
* Die Berufsrolle des Lehrers verändert sich von der des „Einzelkämpfers" immer stärker zu der eines Teammitglieds.
* In vielen Schulen werden Klassen doppelt besetzt.
* Das Gesamtkollegium bildet mehr oder weniger autonome Teams.
* „Relevante Umwelten" werden verstärkt einbezogen.
* Schule öffnet sich nach außen usw.

---

1 „Zum gemeinsamen Erfahrungshintergrund bisheriger Reformbemühungen gehört die Einsicht, dass Umstellungen als beabsichtigtes Ergebnis einer Durchsteuerung von oben nach unten ineffektiv sind oder ganz erfolglos bleiben" (Bildungskommission NRW, 1995, 146).
  „Langfristig angelegte und gründliche Reformen sind aber unabweisbar geworden. Reparaturmaßnahmen auf der Grundlage traditioneller Gestaltungsmuster und Verantwortungsstrukturen reichen generell in keinem gesellschaftlichen Gestaltungsprozess mehr aus, um die Entwicklungsprobleme zu lösen. Dies gilt auch für das Bildungswesen und die Schule" (ebd., XI).
  „Schulen werden nicht als statisch gesehen, sie müssen lernwillig und veränderungswillig sein, um sich als lernende Organisationen zu entwickeln" (ebd., XIII).

Auch hier nehmen die Notwendigkeit von kommunikativer Kompetenz und das Bedürfnis nach Informationsaustausch und Beratung zu.

Alle drei Aspekte,

* die individuelle Profilbildung (einschließlich der Formulierung von Zielen und/oder Visionen),
* das Arbeiten in (interdisziplinären) Teams und
* die Vertretung schulspezifischer Komponenten nach außen (Rechenschaftslegung),

legen eine intensive Inanspruchnahme interner und externer Beratung nahe, da nur so eine kontinuierliche Reflexion des eigenen Tuns gewährleistet ist und eine theoriegeleitete Praxis entwickelt und begründet werden kann.

Beratung wird heute noch häufig nach dem Kurzmotto: „Wenn Problem – dann Beratung" verstanden! Sie gilt als begrenzte Arbeitsform, die sich konzentriert auf gelegentliche punktuelle Aspekte oder auf einen bestimmten thematischen Ausschnitt – der in der Regel als Problem definiert und bewertet wird. Ich verwende den Beratungsbegriff in diesem Buch in einem etwas anderen, erweiterten Verständnis (das die obige Sichtweise allerdings nicht ausschließt): Beratungsprozesse bilden einen festen, unverzichtbaren und kontinuierlichen „reflexiven" Baustein im Schulsystem und begleiten so alle relevanten Handlungsebenen.

Dieser Gedanke lässt sich fortschreiben in Richtung auf die im System Schule befindlichen Subsysteme. Mehr Autonomie und Eigenverantwortung für die Schule lässt sich letztendlich nur denken, wenn dies auch mehr Autonomie und Eigenverantwortung für die in ihr arbeitenden Leiter, Lehrer und auch Schüler bedeutet (vgl. Palmowski, 1998).

* Ein Mehr an Entscheidungskompetenz in den Händen der Schulleitung verlangt auch mehr Raum und Zeit für Prozesse des Sich-Beratens (wiederum intern und extern).
* Wachsende Spielräume für pädagogisches Handeln, Auswahl von Unterrichtsinhalten oder gar Risikokalkulation in einer „fehlerfreundlichen Schule" brauchen den Lehrer, der im und durch den Beratungsprozess seine Handlungsoptionen finden und begründen kann.

• Der Schüler, der – gedacht als mögliche Vision – seine Lernprozesse zunehmend selbst organisiert[2], wird ebenso zunehmend auf flankierende Hilfen durch Beratung und Gedankenaustausch angewiesen sein.

Je weiter man voranschreitet auf dem Weg von der einen Vorschrift für alle (Schulen oder Schulleiter oder Lehrer oder Schüler) zur systembezogenen oder individuellen Lösung vor Ort, desto umfangreicher und umfassender wird der Anteil und die Bedeutung von Beratung im schulischen Kontext werden (müssen).

Beratung und Pädagogik

In pädagogischen Arbeitsfeldern, in denen man mit problematischen Verhaltensweisen zu tun hatte, besaß Beratung schon immer eine besondere Bedeutung: „Gerade in der Erziehung bei Verhaltensstörungen jedoch muss die Beratung zum Kern des professionellen Handelns gerechnet werden" (Hillenbrand, 1999, 143 f.).

Otto Speck verweist jedoch darauf, dass dies inzwischen nicht mehr als ausschließlich oder vorrangig sonderpädagogisches Thema angesehen werden kann. Er schreibt: „Der Beratungsbedarf ist im Besonderen angewachsen im Bereich der Erziehung, speziell der Schule. Es gibt offensichtlich kein Verständnis von Erziehung und Schule mehr. Die normativen Orientierungen sind ebenso plural geworden wie die Erziehungs- und Lernziele und die pädagogischen Methoden und Institutionen" (Speck, 1989, 361).

Neben den Veränderungen auf institutioneller Ebene lösen sich auch in Bezug auf *inhaltliche* Bereiche und pädagogische Fragestellungen Sichtweisen und Positionen auf, die man vielleicht noch vor wenigen Jahren als gesichert, konsensfähig und allgemeingültig angesehen hat.

Gegenwärtig ist weder klar noch verbindlich, was denn nun das Wesentliche an der Lehrerrolle ausmacht, etwa in welchem Verhältnis Erziehungs- und Unterrichtsauftrag zueinander stehen, wie man „profes-

---

2 Der Lehrer der Zukunft wird der Experte sein für den Prozess der Organisation der Selbstorganisation der Schüler.

sionelle Beziehungskompetenz" (Palmowski, 2010) erwerben kann und worin genau sie besteht, welche Aufgaben den Lehrern zufallen, wenn Schüler weitgehend selbstorganisiert arbeiten, und wie man die Arbeit im Team für alle zufriedenstellend organisieren kann. Diese Auflösung gemeinsamer inhaltlicher Positionen oder verbindlicher Vorgaben hin zu einer Pluralität (oder Fragmentierung) von Sichtweisen und Meinungen, verlangt vom Einzelnen im professionellen Kontext die kontinuierliche Reflexion des eigenen Handelns zur Bestimmung und Begründung der eigenen Position, zur Formulierung individueller Ziele, zur Vernetzung eigener Projekte (oder Projektideen) mit denen anderer sowie zur Aushandlung, Aufrechterhaltung und Weiterentwicklung gemeinsamer Vorstellungen über gemeinsame Sachverhalte. Dies alles ist Inhalt von Beratung, verstanden als ein Prozess des „Sich-Miteinander-Beratens". Da es in diesem Prozess um das gemeinsame Aushandeln von gemeinsamen Positionen und um Sich-Verständigen auf gemeinsame Positionen geht, kann dieses nur in kooperativer Form erfolgen.

Die ständig wachsende Bedeutung von Beratung ergibt sich demnach logischerweise und zwangsläufig aus der immer geringer werdenden Bedeutung oder Akzeptanz allgemeingültiger oder als verbindlich deklarierter Vorgaben. Genau hieraus ergibt sich die Notwendigkeit der subjektiven oder lokalen Aushandlung und Entscheidungsfindung eigener Wege und Ziele.

Ich hoffe, dass es mir gelungen ist, deutlich zu machen, dass Beratung in dem hier beschriebenen Sinne nicht mehr ausschließlich der Ort ist, an dem es um die Auflösung von als problematisch erlebten Konstellationen geht, sondern vielmehr: Beratung ist der kontinuierliche und notwendige Prozess der Reflexion und der Planung von Veränderung im Gesamt schulischer Wirklichkeiten.

2

Die beiden Grundmuster von Beratung oder: Drei Gründe, den Klienten als Experten zu sehen

Ich weiß zwar auch keine Lösung,
aber ich bewundere Ihr Problem!

Es gibt zahlreiche Konzepte für das Verständnis, die Organisation und die Durchführung von Beratungsgesprächen, allerdings lassen sie sich alle zurückführen auf zwei fundamentale Grundmuster (vgl. hierzu etwa Barthelmess, 2010).

Im ersten Beratungsansatz versteht sich der Berater als der Experte für die Lösung der Probleme seiner Klienten. Diese Form von Beratung besteht aus zwei Schritten. In einem ersten Schritt sammelt der Berater Informationen von seinen Klienten ein, indem er sie nach den Sachverhalten fragt, die für ihn für das Finden einer Lösung von Belang sind. Er erstellt eine Diagnose oder Anamnese. Aus diesen Daten leitet er – aufgrund seines Expertentums in der Sache – Lösungen ab, die er in einem zweiten Schritt seinen Klienten anbietet oder verschreibt. Diese

Form von Beratung ist überall da erfolgreich, wo der Berater über ein Fachwissen zu einem bestimmten Themenbereich verfügt, das die Klienten nicht besitzen, etwa beim Rechtsberater oder beim Steuerberater. Die Klienten übertragen dem Berater die Verantwortung für die Lösung ihres Problems („Lohnsteuerjahresausgleich") und dieser übernimmt diese Verantwortung auch, weil alle Beteiligten – auch die Klienten selbst – von deren nicht hinreichender Kompetenz in den anstehenden Sachverhalten ausgehen.

Diese Vorgehensweise wird in aller Regel auch von Medizinern angewandt, aber hier funktioniert sie sehr häufig nicht mehr so reibungslos, wie bei den beiden obigen Beispielen. Der Grund liegt wohl darin, dass viele Patienten sich in Bezug auf sich selbst und auf ihre Krankheiten durchaus auch als kompetent und eigenverantwortlich definieren, jedenfalls hält sich die Mehrzahl von ihnen nicht an die genaue Verschreibung des Arztes, sondern nimmt verordnete Medikamente (außerhalb der Zugriffsmöglichkeit des Arztes) nach eigener Lesart, häufig auch gar nicht. „Nach Angaben des Bundesgesundheitsministeriums werden jährlich rund 4000 Tonnen verschriebene Arzneimittel im Wert von etwa 500 Millionen Euro weggeworfen. 31% der zurückgegebenen Packungen waren unangebrochen, 34% der zurückgegebenen Packungen waren nur zur Hälfte verbraucht" (http://www.medizin-richtig-einnehmen.detherapietreue.php, S. 4f.). Hier kollidiert das Expertentum des Arztes mit der Eigenverantwortung der Patienten.

Noch schwieriger wird diese Haltung und dieser Anspruch des Beraters, wenn es um psychosoziale Themen geht. Aus der Sicht der Betroffenen kann er einfach nicht besser über einen Konflikt und seine möglichen Lösungen Bescheid wissen als die Beteiligten selbst, sie haben ihren Prozess schließlich in allen seinen Nuancen selbst erlebt. (Dass sie dabei die Fähigkeit, eine Außenperspektive einzunehmen, verloren haben, dürfte ihnen wohl nur sehr selten bewusst sein!) Deswegen erscheint es in Beratungen, in denen es um psychische, soziale oder Beziehungsthemen geht, sinnvoller, die Eigenverantwortung für die Thematik bei den Klienten zu lassen und sich auf den Aspekt der Moderation des Gespräches zu begrenzen. In diesem, zweiten Beratungsansatz versteht sich der Berater als Experte für die Organisation des Gespräches, die Moderation, die Fragen, die er stellt. Die Verantwortung für den Inhalt, der zu verhandeln ist, bleibt bei den Klienten, sie entscheiden, worüber gesprochen wird und worüber nicht. Da der Inhalt in der Zuständigkeit der Klienten bleibt, braucht der Berater auch keine Anamnese oder Diagnose, er muss über das Thema der Klienten überhaupt nichts wissen, und je unvoreingenommener er fragen kann (da ihn keine Vorinformationen beengen), desto weniger wird er sich bei seinen Fragen selbst begrenzen.

Die zentrale Aufgabe des Beraters besteht in diesem Konzept darin, durch die Art seiner Fragen bei den Klienten neue oder andere Sichtweisen, Ideen und Bewertungen zu erzeugen. Tom Andersen (1990, 34) hat diese Fragen als „angemessen ungewöhnliche" bezeichnet. Während „angemessene Fragen" bei den Klienten keine neue Information erzeugen, weil sie die Antworten kennen, und zu „ungewöhnliche Fragen" von den Klienten zurückgewiesen oder nicht beantwortet werden (können), sind „angemessen ungewöhnliche Fragen" solche, die die Klienten sich selbst kaum stellen, auf die sie aber eine Antwort formulieren können, wenn der Berater sie ihnen vorlegt. Auf diese Weise können relativ schnell zahlreiche neue Denkanstöße und Sichtweisen erzeugt werden, die dazu beitragen können, die Geschichte, die die Klienten als ihr Thema mitgebracht haben, positiv zu verändern. In Kapitel 4 habe ich viele Beispiele für angemessen ungewöhnliche Fragen zusammengestellt.

Für dieses Konzept von systemischer Beratung gibt es mindestens drei fundamentale Begründungen, die ich im Folgenden vorstellen werde. (Eine weitere Möglichkeit, die ich hier nur erwähnen möchte, könnte die sein, dass die Klienten gar keine Lösung wollen, weil diese das Ende ihres Themas wäre: „Geh mir weg mit deiner Lösung, sie wär der Tod für mein Problem", lautet etwa der Refrain eines Liedes von Annett Louisan. Wenn ein solches Thema nämlich identitätsstiftend oder systemstabilisierend ist, dann gibt es gute und plausible Gründe, Lösungsansätzen sorgfältig auszuweichen. Eine Vorgehensweise des Beraters wäre in einer solchen paradoxen Situation die, genau dies – metakommunikativ – anzusprechen.)

2.1 Die Sach- und die Beziehungsebene

Seit Paul Watzlawick und seine Kollegen im Jahre 1967 ihre „Menschliche Kommunikation" veröffentlichten, wissen wir, dass jede Kommunikation einen Sach- und einen Beziehungsaspekt enthält, die so einander zugeordnet sind, dass der Beziehungsaspekt immer der wichtigere ist. Die Aussagen auf der Beziehungsebene entscheiden darüber, wie eine Kommunikation sich entwickeln wird. Welche Bedeutung wir den Aussagen des anderen (zum Beispiel des Nachrichtensprechers im Radio) geben, entscheiden wir auf der Beziehungsebene, etwa dadurch, dass wir uns entscheiden, dem anderen zu vertrauen, dass er „die Wahrheit" sagt oder eben nicht, um ihm dann entsprechend zu misstrauen und seine Aussagen zu bezweifeln. Deshalb entwickelt man im Rahmen einer Beraterausbildung (wenn sie gut ist) auch die Fähigkeit wahrzunehmen, was sich in einem Gespräch auf der Beziehungsebene ereignet oder ereignen kann. Wenn der Berater seine Rolle als die des Experten für Lösungsvorschläge sieht, heißt das auf der Beziehungsebene, dass er glaubt, besser zu wissen, was die Klienten tun sollen, als diese selbst und damit wertet er sie ab. „Jede Botschaft von der Art ‚Ich weiß besser als du, was mit dir los ist' schadet der Kommunikation und grenzt an Psychoterror", schreibt Friedemann Schulz von Thun (1988, 78).

Dagegen wehren sich Klienten sehr erfolgreich dadurch, dass sie die Vor- oder gar Ratschläge des Beraters zurückweisen, selbst dann, wenn diese auf der Sachebene durchaus vernünftige Lösungen darstellen und auch dann, wenn sie selbst ganz ausdrücklich nach Ratschlägen fragen. „Ratschläge (werden) von Klienten erst einmal entwertet, interessanterweise auch von denen, die explizit einen Rat verlangen" (Dorrmann, 1991, 112). Deshalb hält John Weakland es auch für den größten Fehler des Beraters, Vorschläge zu machen, weil er so Lösungen verhindert, die eventuell möglich gewesen wären, hätte er dem Klienten die Möglichkeit gelassen, selbst auf eine für ihn passende Idee zu kommen (Weakland, 1988, 29 f.).

2.2 Der Klient kennt die Lösung, er weiß es nur noch nicht

Wenn wir mit der Unterscheidung in explizites und in implizites Wissen arbeiten, wird deutlich, dass wir über zwei sehr unterschiedliche Wissensbestände verfügen, nämlich das Wissen, auf das wir jederzeit zurückgreifen können, weil wir wissen, was wir wissen (das explizite Wissen), und die Wissensbestände, die wir mit uns herumtragen, ohne von ihnen zu wissen (implizites Wissen).

Daraus ergibt sich noch ein zweiter triftiger Grund, sich als Berater aus der Arbeit an Lösungen herauszuhalten: „Niemand kann so gut wissen, wie die beste Lösung aussieht, wie die Klienten selbst!" oder: „Die Lösung ist schon da, sie muss nur noch gefunden werden!" oder: „Die Klienten bringen ihre Lösung mit, sie wissen es nur noch nicht!" Formulierungen wie diese gehen davon aus, dass die Klienten ihre Lösungen sozusagen in ihrem impliziten Wissen verankert haben und dass sie nur noch nicht wissen, dass sie sie bereits wissen.

Beispiel

Eine Sonderschullehrerin kommt zu einem Beratungsgespräch. Ihr Thema: Einer ihrer Schüler wird in einer Grundschulklasse integrativ beschult, aber dieser Prozess gestaltet sich schwierig, schwieriger jedenfalls als sie erwartet hatte. Sie möchte das Gespräch dazu nutzen, darüber nachzudenken, ob sie den Jungen in der Grundschulklasse lassen soll oder ob es nicht sinnvoller und die bessere Lösung für das Kind ist, es wieder in seine Förderschulklasse zurückzuholen. Der Berater fragt, welche Wahrscheinlichkeit sie den beiden Möglichkeiten geben würde und sie antwortet: „Fifty-fifty". Daraufhin sagt der Berater: „Nehmen wir an, du würdest einer der beiden Möglichkeiten eine Wahrscheinlichkeit von 51% einräumen und der anderen nur 49%, wie sähe deine Zuordnung aus?"

Nach einer Weile des Schweigens sagt die Lehrerin: „Stimmt, eigentlich will ich das Gespräch dazu nutzen, dar-

über nachzudenken, wie ich die Grundschullehrerin besser
unterstützen und mich als Ressource für sie anbieten kann!"
Die Lösung war schon da, sie hat es nur noch nicht gewusst.

Hier wird die zentrale Aufgabe des Beraters deutlich: Sie besteht darin,
relevantes implizites Wissen der Klienten (durch „angemessen ungewöhnliche Fragen") zu explizitem Wissen zu machen, weil es nur hier-
durch freigegeben werden kann für seine Bearbeitung und Veränderung.
Solange es im impliziten Bereich bleibt, wird es uns anleiten in unseren
Handlungen und Bewertungen, ohne dass wir es wissen und ohne dass
wir es verändern könnten (vgl. hierzu ausführlich Palmowski, 2010).

2.3 Konstruktivismus

Die Bedeutung konstruktivistischer Sichtweisen werde ich bei den theoretischen Grundlagen im kommenden Kapitel ausführlicher erläutern.
Deshalb kann ich mich hier auf den zentralen Gedanken beschränken,
der dafür spricht, sich als Berater bei psychosozialen Themen nicht als
den Experten in der Sache zu sehen:
Die Art und Weise, wie unterschiedlich verschiedene Menschen bestimmte Sachverhalte wahrnehmen (oder auch nicht wahrnehmen),
wie sie sie bewerten und wie sie mit ihnen umgehen, lässt die Aussage
zu, dass wir uns durchaus in den verschiedensten Wirklichkeiten (oder
Konstruktionen von Wirklichkeiten) bewegen. Das bedeutet für Beratungsprozesse, dass wir auch möglichen Lösungen für ein Problem
höchst unterschiedliche Relevanz zusprechen werden. Was für mich,
hätte ich das Problem der Klienten, eine wunderbare und pragmatische
Lösung wäre, würde für die Wirklichkeit(svorstellungen) jener vielleicht
völlig unbrauchbar sein und umgekehrt wäre dasselbe denkbar. Dieser
Gedanke spricht meines Erachtens sehr dafür, die Arbeit an Lösungen
bei den Klienten zu lassen.
Auch hier ein – wie ich finde – sehr schönes Beispiel dafür, welche
Lösungen Klienten finden, wenn wir die Möglichkeit dazu bei ihnen
lassen:

Beispiel

Florian ist Schüler in der ersten Klasse. Im Gespräch mit ihm, seiner Klassenlehrerin und der Sonderpädagogin beschreiben die beiden Frauen Florian als ein Kind, „das sich überhaupt nicht konzentrieren kann".

Ich frage ihn: „Florian, wann kannst du besser aufpassen, in der ersten Stunde oder in der zweiten?"

Nach kurzem Nachdenken sagt Florian: „In der zweiten!"

Ich frage: „Und hast du auch eine Idee, Florian, was du tun könntest, um auch in der ersten Stunde etwas besser aufzupassen?"

Diesmal denkt Florian ein bisschen länger nach, dann sagt er: „Ja, ich könnte mir ja in der ersten Stunde vorstellen, es wäre schon die zweite!"

3

Theoretische Grundlagen oder: Die Bedeutung von Theorie für die Praxis

„Dass etwas selbstverständlich ist,
heißt nicht, dass wir es verstanden haben,
sondern nur,
dass wir es nicht in Frage stellen!"
(Fritz Simon)

Die Praxis der systemischen Beratung wird leichter verständlich und nachvollziehbar sein, wenn man weiß, auf welchen theoretischen Überlegungen sie beruht. Einige der wichtigsten sollen in den folgenden Unterpunkten dargestellt werden. Darüber hinaus geht es allerdings auch– quasi auf der Metaebene – um das Verständnis von möglichen Bedeutungen von Theorie für praktisches Handeln an sich, denn auch hier – wie sollte es anders sein – gibt es durchaus unterschiedliche Sichtweisen[3].

---

3 Über mögliche Zusammenhänge zwischen Theorie und Praxis werden sogar Witze gemacht:

Zunächst einmal – als grobe Orientierung – mag es hilfreich sein, das Konzept der systemischen Beratung als Kind der Postmoderne (vgl. Welsch, 1988, 1992) zu begreifen. Seine theoretische Fundierung, die offene Arbeitsweise und jede Abkehr von der Suche nach Wahrheit oder Schuld zeigen dies. Statt eines langen Vergleichs begnüge ich mich an dieser Stelle mit einer knappen Gegenüberstellung von Moderne und Postmoderne, einzelne Aspekte werde ich im Nachhinein erläutern.

Moderne	Postmoderne
Wahrheit/Universitas	Nützlichkeit
Klare, verbindliche Normen und Werte	Pluralität
Totalität, Fundamentalismus Dogmatismus	Beliebigkeit, Fragmentierung „anything goes"
Naiver Realismus Kritischer Rationalismus „Eine Annäherung an die Wahrheit ist möglich" (Popper, 1984, XXV)	Systemisches Denken Radikaler Konstruktivismus Sozialer Konstruktionismus Narration
Der Mensch als Monade, als Einzelwesen	Der Mensch als Mitglied vieler Systeme
Handeln als Ausdruck der Persönlichkeit	Handeln ist funktional im jeweiligen Kontext
Konkurrenz	Kooperation
Diskussion	Dialog
Ergebnis	Prozess
Operationales Menschenbild: Der Mensch an sich ist … (gut, schlecht, ein intelligentes Tier, …)	Rekursives Menschenbild: „Der Mensch ist immer das, was der Mensch glaubt, was der Mensch ist!" (in Anlehnung an M. Foucault)

- Der Unterschied zwischen Theorie und Praxis ist in der Praxis größer als in der Theorie!
- Der Theoretiker weiß, wie es geht, aber es geht nicht, der Praktiker weiß zwar nicht, wie es geht, aber es geht.

Gelegentlich provoziere ich mit dem Spruch: Die beste Praxis ist die reine Theorie! Kaum jemand stimmt dieser Aussage zu, häufig ohne dies explizit begründen zu können.

Eine erste – vielleicht überraschende – Feststellung könnte die sein, dass wir, trotz aller postmodernen Pluralität, nicht keine Theorie haben können. Denn wenn wir bei der Unterscheidung in explizites und in implizites Wissen bleiben, dann können wir daraus die Konsequenz ableiten, dass unser Handeln unentwegt durch implizite Kognitionen begleitet wird, die uns sagen, was wir wie und wo wahrzunehmen und zu bewerten haben und wir darauf regieren sollen. Dies gilt auch dann, wenn wir sagen, dass wir intuitiv oder „aus dem Bauch heraus" handeln, denn die Glaubenssätze, an denen wir uns orientieren, sind so weitgehend automatisiert, dass wir sie in aller Regel gar nicht bemerken, ja sie nicht einmal explizit formulieren könnten. (Hier liegt der zentrale Ansatzpunkt kognitiver Psychotherapieformen, die versuchen, implizite irrationale Denkmuster durch explizites rationaleres Denken zu ersetzen, vgl. etwa Ellis, 1977; Beck, 1986; Meichenbaum 1979).

Insofern ist alles, was wir tun, nicht nur immer theoriegeleitet, auch wenn wir dies nur selten registrieren, sondern unsere subjektiven Alltagstheorien sind von immenser Bedeutung für unser Handeln, unsere Praxis.

Die zweite – vielleicht noch wichtigere – Überlegung ist die, dass es unsinnig ist, eine Theorie daraufhin zu untersuchen, ob sie stimmt, also wahr ist oder nicht. Formallogisch ist dies schon darin begründet, dass jede Theorie ihren Ausgang von einer sogenannten A-Priori-Setzung nimmt, die – wie der Name sagt – an den Anfang gesetzt wird und die nicht bewiesen oder widerlegt werden kann, sondern die „keine höhere Norm als die Billigung durch die maßgebliche Gesellschaft" (Kuhn 1967, 131) erfahren hat. Sachverhalte werden demnach nicht erkannt, sondern anerkannt. Die Bedeutung einer Theorie ergibt sich demnach nicht aus ihrem Wahrheitsgehalt (den man ohnehin nicht ermitteln kann), sondern daraus, wie hilfreich und nützlich sie für unser Handeln, in diesem Falle konkret für Beratungsprozesse, angesehen werden kann.

Wir können uns z. B. mit der Frage befassen, ob die Sterne Einfluss auf unser Leben haben oder nicht. Nach dem gegenwärtigen Wissensstand ist diese Frage unentscheidbar. Wenn sich uns diese Frage aber stellt, müssen wir sie (für uns) beantworten. Diese Antwort beruht nicht auf Beweisen oder Widerlegungen, sondern sie wird von uns „gesetzt". Entscheiden wir uns, den Sternen keinerlei Einfluss auf uns zuzugestehen, hat sich das Thema für uns erledigt und wir können uns anderen

Lebensbereichen und -fragen zuwenden. Entscheiden wir uns aber für die Befürwortung dieser Annahme, dann entsteht daraus die unendliche Menge der entscheidbaren Fragen innerhalb dieses Glaubenssystems und wir können oder müssen Entscheidungen darüber treffen, ob zwei Widder-Kinder in der Klasse nebeneinander sitzen dürfen oder ob die Fisch-Frau gut beraten ist, wenn sie einen Krebs-Mann heiratet. Ich hoffe, es wird deutlich, dass unsere Antworten auf solche unentscheidbaren Fragen äußerst weitreichende Konsequenzen haben. Bejahe ich die Frage nach der Existenz eines Gottes, so ist religiöse Praxis die notwendige und folgerichtige Konsequenz, im anderen Falle nicht. Lehne ich den Weltentwurf der Anthroposophie ab, wird meine Wirklichkeit eine sehr andere sein als die von Menschen, die sich für diese Sichtweise entschieden haben. So habe ich – als Beispiel – in einem Flyer einer anthroposophischen Gesellschaft folgenden Text zu einer Seminarankündigung gefunden:

„Das neue Bewusstsein vom Ätherischen und seine Bedrohung durch die Widersachermächte – Mit Beginn des 20. Jahrhunderts hat in der Menschheitsentwicklung ein Prozess eingesetzt, der zu einer neuen Wahrnehmung des Ätherischen und damit zum Wiedererscheinen des Christus im Ätherischen durch die Belebung der Ätherleiber führen soll. Diesem Entwicklungsschritt stehen insbesondere die ahrimanischen Widersachermächte entgegen, die ein Erwachen im Ätherischen unter allen Umständen verhindern wollen."

Menschen, die über Anthroposophie nichts oder nur wenig wissen, wird dieser Text erstaunlich und unverständlich erscheinen, für anthroposophisch orientierte Mitbürger enthält er möglicherweise wichtige Informationen über einen Teil ihrer Wirklichkeit.

Wahrheit kann es demnach immer nur innerhalb des Rahmens einer Theorie geben. Heinz von Foerster: „Eine entscheidbare Frage wird immer innerhalb eines Rahmens entschieden, der die mögliche und jeweils richtige Antwort bereits vorgibt" (Foerster, 1998, 159).

„Untersucht man nämlich, was ein bestimmter Denkstil unter diesen Dingen versteht, dann trifft man nicht auf etwas, was jenseits des Denkstils liegt, sondern auf seine eigenen grundlegenden Annahmen:

Wahrheit ist, was der Denkstil sagt, dass Wahrheit sei" (Feyerabend, 1984, 77).

Ich möchte die obigen Überlegungen noch konkreter werden lassen. Zwei „unentscheidbare Fragen", die im systemischen Diskurs anders entschieden werden als üblich, sollen zeigen, wie weitgehend unser ganz alltägliches Handeln gesteuert wird durch implizite Glaubenssätze und unhinterfragte Überzeugungen, und wie viel sich verändern kann, wenn wir uns hier für neue, andere oder zusätzliche Sichtweisen und Denkmuster entscheiden.

Eine unentscheidbare Frage, auf die wir eine Antwort geben müssen, betrifft unsere „menschliche Natur". Inwieweit sind wir – etwa durch unsere Gene oder unseren Charakter – determiniert oder inwieweit kommen wir – wie John Locke es 1690 in seinem „Versuch über den menschlichen Verstand" vermutet hat – als „Tabula rasa" auf die Welt und werden geprägt und geformt durch Erfahrung, Erziehung und Sozialisation?

In Seminaren oder bei Fortbildungen frage ich meine Gesprächspartner gelegentlich nach ihrer Antwort auf diese Frage. Die große Mehrzahl der Meinungen bewegt sich in einem 20 bis 80 % Raum, d. h. manche Menschen glauben, wir seien zu 80 % determiniert und nur zu 20 % offen für Umwelteinflüsse, andere drehen diese Zahlen um. Die Konsequenzen der jeweiligen Annahme sind weitreichend, denn was bedeutet es – etwa für einen Pädagogen –, wenn er davon ausgeht, dass wir in erster Linie in unserem Verhalten festgelegt sind. Die Antwort muss lauten: Für pädagogische Bemühungen kann es keine günstige Prognose geben, denn unsere Gene entscheiden in diesem Falle darüber, wer und was aus uns wird (vgl. etwa Rigos, 1998; Rowe, 1997). Umgekehrt würden wir durch die Annahme, dass wir offen sind für diese Welt und ihre Prägungen, der Bedeutung von pädagogischen Bemühungen mehr Sinnhaftigkeit zumessen und mehr Optimismus zugestehen.

Da die Frage unentscheidbar ist, macht es keinen Sinn, hier mit der Wahrheit zu argumentieren, sondern wir werden hier sagen, dass es für Pädagogen wohl nützlicher und bedeutsamer ist, Selbstwirksamkeit zu erleben, indem sie davon ausgehen, dass ihr Wirken nachhaltig Einfluss nimmt auf das Denken und Handeln von Kindern und Jugendlichen. Aus einer systemischen Perspektive wird man sich für diese Sichtweise entscheiden, denn ein zentraler Grundgedanke heißt ja, dass wir uns nicht so verhalten, wie wir sind, sondern so, wie es die jeweilige Situation, der jeweilige Kontext es für uns als funktional erscheinen lassen.

Wenn also ein Kind während des Unterrichts aufsteht und durch die Klasse läuft, haben wir die Möglichkeit, es zu determinieren, etwa indem wir sagen: Der Junge hat ADHS oder er ist hyperaktiv. Die pädagogische Konsequenz wäre die, dass der Lehrer den Jungen in seinem So-Sein ertragen muss oder ihm Pillen gibt, denn schließlich kann niemand jemand anderer sein und ADHS wäre in einem solchen Fall ein Teil oder eine Wesensart dieses Jungen.

Gehen wir vom Kontext, also in diesem Falle von der Unterrichtssituation, aus und sagen: Der Unterricht überfordert oder unterfordert den Jungen, oder der Junge langweilt sich, oder der Junge ist noch zu klein, um täglich 5 × 45 Minuten stillsitzen zu können, dann ist das Verhalten des Jungen in dieser Situation für ihn funktional (also sinnvoll und nützlich) und es lässt sich aus der Situation heraus erklären. Die Möglichkeit des Lehrers besteht hier in sinnvollen Veränderungen der Situation. Die einfachste Möglichkeit, diese vorzunehmen, bestünde darin, den Jungen zu fragen: Ich würde gerne wissen, was wir beide tun können, damit es dir leichter fällt, während des Unterrichts auf deinem Platz sitzen zu bleiben? Oder: Ich würde gerne wissen, was du meinst, wie oft pro Stunde du durch die Klasse laufen musst, damit wir eine Vereinbarung treffen, mit der wir beide zufrieden sein können?

Eine zweite, inhaltlich naheliegende Frage bezieht sich auf die Eigenschaften, die ja nun wohl jeder von uns bei sich beobachtet. Hier lautet die Frage: Inwieweit haben wir eine bestimmte Eigenschaft (oder einen bestimmten Charakterzug, oder eine bestimmte Persönlichkeit...), weil sie durch Vererbung in uns angelegt ist, oder inwieweit haben oder beobachten wir an uns eine bestimmte Eigenschaft, weil wir uns entschieden haben, daran zu glauben, dass wir diese Eigenschaft haben (vgl. hierzu Bucay, 2007, 7 ff.)?

Also: Sind wir unmusikalisch, weil Vater auch unmusikalisch ist und wir dies von ihm geerbt haben, oder sind wir nur deshalb unmusikalisch, weil wir fest davon überzeugt sind, dass wir unmusikalisch sind (weil Vater ja auch fest daran glaubt, er sei unmusikalisch)? Ist unsere Wahrnehmung das Ergebnis eines bestimmten Zustandes? Oder ist der Zustand das Ergebnis unserer Vorurteile und der dazu passenden Wahrnehmungen?

Auch hier sind die Konsequenzen – ganz ähnlich wie oben – sehr weit-reichend, in dem einen Falle wären wir determiniert und müssten für den Rest unseres Lebens unmusikalisch bleiben, im anderen Falle könn-ten wir uns neugierig zeigen auf Neues.

Ich hoffe, dass es mir gelungen ist zu zeigen, dass unser Handeln (das schließt unsere Selbstwahrnehmung mit ein) ganz weitreichend beruht auf theoretischen, oft unreflektierten Grundannahmen, Glaubenssät-zen, den Antworten auf unentscheidbare Fragen, für die wir uns jeweils entschieden haben. Diese Antworten sind nicht falsch oder richtig, der Wahrheitsgehalt lässt sich in keinem einzigen Falle bestimmen, aber sie sind für unser Handeln, unsere Ansichten über uns selbst und unsere Entwicklungspotenziale, die wir uns zugestehen, mehr oder weniger nützlich. Einige Sichtweisen legen uns fest, es sind „Feststellungen", an-dere geben mehr Raum für Entwicklung und Veränderung.

In den folgenden vier Unterpunkten werde ich vier Theoriebausteine des systemischen Denkens skizzieren, die unentscheidbare Fragen eher so beantworten, dass Räume entstehen können für Neues, Anderes und Zusätzliches und die eher Veränderung ermöglichen als dass sie Dinge „fest stellen".

3.1 Was bedeutet „systemisch"[4]?

„Bevor unsere weißen Brüder kamen,
hatten wir keine Gefängnisse.
Ohne Gefängnisse kann man auch keine Verbrecher haben.
Wir hatten keine Schlösser und Schlüssel,
also gab es auch keine Diebe.
Wenn jemand so arm war, dass er kein Pferd hatte,
kein Tipi oder keine Decke,
dann bekam er die Sachen geschenkt.
Geld gab es nicht, und daher
konnte der Wert eines Menschen auch nicht
damit aufgewogen werden.
Wir hatten kein geschriebenes Gesetz,
keine Anwälte und Politiker,
also gab es auch keinen Betrug."
Tahca Ushte, Medizinmann der Sioux
(in: Wüpper/Kock, 1992, 41)

Bei einer Fortbildung sagte mir ein Lehrer: „Aber wenn ich – einmal angenommen – einen Schüler anschreie, dann steckt die Wut doch in mir
drin, und sie ist – zumindest in diesem Moment – ein Teil von mir. Also
wird mein Verhalten doch von Impulsen, die in mir drin sind, und die
sich je nach Eigenart von Mensch zu Mensch anders zeigen, gesteuert."
Ich gab zu bedenken, dass es für sein Verhalten „Anschreien" noch
einer Spielregel bedarf.
Sie lautet: Der Lehrer ist der subjektiven Überzeugung, dass es sein
Recht ist, in bestimmten Situationen (die hier definiert sein können
über die Konstruktion „Wutpegel") einen Schüler anzuschreien. Be-

---

4 Die Begriffsbestimmung, die ich hier vorschlage, kann die Begriffsproblema-
tik, was denn nun systemisch sei, nur anreißen, man kann den Terminus inzwischen auch als Worthülse begreifen, die sich (fast) beliebig füllen lasse. Für
meine Zwecke finde ich mein Begriffsverständnis allerdings völlig hinreichend
und – in Abgrenzung zu personenbezogenen Modellen – auch genügend trennscharf. Aktuelle Beiträge zur Begrifflichkeit finden sich etwa in Kosellek, 2009,
Kleve, 2010.

gründung: Stünde vor dem Lehrer nicht der Schüler, sondern der Schulleiter, so wäre sein Verhalten (bei identischer Wut) mit großer Sicherheit ein anderes, hier lautete die Spielregel: Egal wie wütend mich mein Chef manchmal macht, es ist mir nicht erlaubt, ihn anzuschreien. Das Verhalten, das wir zeigen, bekommt seine Bedeutung immer aus dem Kontext, in den es eingebettet ist. Auch wenn Symptomkataloge oder Klassifikationen suggerieren, man könnte Verhaltensweisen isoliert betrachten und dann als normal oder abweichend zuordnen (weil sie von einer personenbezogenen Sicht ausgehen, die den Kontext ignoriert), so lässt sich diese Sichtweise bei genauerer Betrachtung kaum aufrechterhalten. Ob ein herzhaftes Lachen eine angemessene Verhaltensweise ist oder eine Verhaltensstörung, ergibt sich aus dem Kontext, in dem sie gezeigt wird, als angemessene Verhaltensweise etwa bei einer Karnevalsfeier, als Verhaltensstörung bei einer Beerdigung. Ein heftiger Schlag mit der Faust ins Gesicht eines anderen ist im Kontext Schulklasse ein höchst problematisches Verhalten, im Boxring wird es vielleicht frenetisch gefeiert, schließlich haben die Kontrahenten genau dies monatelang geübt. So gesehen kann jede vorstellbare Verhaltensweise als Störung wahrgenommen und bewertet werden (wenn sie in einen Kontext eingebettet ist, in den sie nicht hineinpasst), und umgekehrt kann jede Verhaltensweise als sinnvoll und nützlich erlebt werden, wenn es dem Beobachter gelingt, ihre (vernünftige) Bedeutung, ihre Funktionalität für den jeweiligen Kontext zu erkennen.

Vor allem Gregory Bateson hat immer wieder darauf hingewiesen, dass es der Kontext ist, der darüber entscheidet, welche Bedeutung wir einer bestimmten Wahrnehmung und einer bestimmten Verhaltensweise geben, „(...) weil nichts Bedeutung hat, solange man es nicht in irgendeinem Kontext sieht" (1987, 24). Und: „Ohne Kontext haben Worte und Handlungen überhaupt keine Bedeutung" (ebd., 25). Jedes gesprochene oder nicht gesprochene Wort, jede Geste, jede überreichte Rose, jedes Lächeln, jeder Blick und jeder Kommentar erhalten ihre Bedeutung und sind überhaupt nur zu verstehen aus dem Zusammenhang, in den sie durch den Beobachter eingebettet werden.

Die systemische Sichtweise geht demnach davon aus, dass das Verhalten einzelner Menschen im Wesentlichen erklärt werden kann durch den jeweiligen Kontext, in welchem sie sich gerade aufhalten bzw. durch die jeweiligen (impliziten) Spielregeln, die das Verhalten der Einzelnen steuern. Beides ist beobachtbar, das Verhalten des Betreffenden und der Kontext, in welchem er sich verhält. Die Sinnhaftigkeit einer Verhaltensweise dürfte dabei in der überwiegenden Mehrzahl der Fälle offenkundig sein (ein Mann öffnet seinen Regenschirm, weil es begonnen hat zu regnen). In den personenbezogenen Konzepten greift man dagegen zur Erklärung und Begründung von Verhaltensweisen auf Konstruktionen zurück, die sich jeder Beobachtung entziehen und ihrerseits wieder nur durch das beobachtete Verhalten plausibel erscheinen mögen (ein Mensch zeigt sich aggressiv, weil er einen Aggressionstrieb hat – weil er einen Aggressionstrieb hat, zeigt er sich aggressiv).

Beispiel

Jeder Lehrer kennt den Sachverhalt, dass die Schüler einer Klasse für jeden der sie unterrichtenden Lehrer ein eigenes Verhaltensskript besitzen. Wenn der Klassenlehrer unterrichtet, erlebt dieser seine Schüler möglicherweise völlig anders, als es in der darauffolgenden Stunde der Referendar tut und in der dritten Unterrichtsstunde der Schulleiter. Würde man rein personenbezogen denken, müsste man davon ausgehen, dass diese Schüler sich bestenfalls bei einem der Kollegen so verhalten können, wie sie „wirklich sind", und bei allen anderen müssten sie ein „So-tun-als-ob-Spiel" inszenieren. Aus systemischer Sicht ist dieses Verhalten der Schüler dagegen völlig einleuchtend: Die Spielregeln, das Erlaubte und die Grenzsetzungen hat jeder der Kollegen mit den Schülern (implizit) unterschiedlich ausgehandelt, und entsprechend verschieden verhalten sich alle Akteure (also auch die Lehrer). „Die Macht liegt in den Spielregeln, die sich in dem pragmatischen Zusammenspiel aller Beteiligten im Laufe der Zeit herausgebildet haben", schrieb Mara Selvini-Palazzoli schon im Jahre 1977 (S. 15).

3.2 Mögliche Bedeutungen der systemischen Sichtweise für Beratungsprozesse

Nach dieser knappen Skizze (ausführlicher in Palmowski, 2008; Palmowski, 2010) stellt sich die Frage nach den möglichen Konsequenzen dieser Sichtweise für Beratungsprozesse. Der Berater wird den Fokus seiner Aufmerksamkeit und seine Erklärungsmuster vielleicht folgendermaßen ausrichten.

1. Er betrachtet das Verhalten, das Personen zeigen oder von dem sie berichten, nicht als Eigenschaften dieser Person(en), sondern unter dem Gesichtspunkt ihrer Funktionalität (Nützlichkeit und Sinnhaftigkeit) in dem jeweiligen Kontext, in dem es gezeigt wurde. Er fragt dann etwa:

   • „Welcher Zusammenhang ist vorstellbar, in dem das gezeigte Verhalten für den Betreffenden als nützlich und sinnvoll erscheint?"
   oder
   • „Nehmen wir einmal an, es würde besser, was würde dann schlechter?"

   Diese Sichtweise ist in unserem Kulturkreis sehr ungewohnt und muss m. E. oft explizit eingeübt werden, obwohl wir sie durchaus gelegentlich benutzen. So wissen wir etwa aus der Arbeitswelt der Erwachsenen, dass „Faulheit Freizeit schafft". Auch bei Schülern kann man Faulheit als funktional im Kontext begreifen, etwa wenn sie davor schützt, sich eine viel schlimmere Eigenschaft, nämlich Dummheit, zuschreiben zu müssen (Palmowski, 1997).
   Viele sogenannte Verhaltensstörungen in der Schule können verstanden werden als Versuche von Schülern, ein Gefühl von Kontrolle über eine Situation zu bekommen, die sie als intransparent, diffus und eher bedrohlich erleben und in der sie sich ausgeliefert fühlen, weil die Möglichkeit, aus dem Felde gehen zu können, nicht gegeben ist.

2. *Lösungen und Lösungsversuche, die ein Problem nicht lösen, sind ein Teil des Problems.* Der Berater betrachtet das Verhalten der Beteiligten als Ausdruck der Spielregeln, nach denen die Akteure sich richten und mit denen sie sich in ihren Verhaltensmustern aufeinander beziehen. Weil der Lehrer Druck ausübt (oder sich launisch, zynisch,

ungerecht, … zeigt), leistet der Schüler Widerstand (zeigt sich trotzig, aggressiv, faul, herausfordernd, …) – weil der Schüler sich so zeigt, verhält sich der Lehrer entsprechend. Die Lösung des Schülers ist das Problem des Lehrers, die Lösung des Lehrers ist das Problem des Schülers. Auch hier begreift der Berater das Verhalten der Einzelnen nicht als Ausdruck ihrer Persönlichkeit, sondern als ihren Beitrag zur Aufrechterhaltung eines Regelkreises (auch dann, wenn, wie in diesem Falle, dieser von beiden Beteiligten als dysfunktional erlebt wird). Insofern interessiert er sich auch nicht für irgendwelche Fragen nach Schuld (Wer hat angefangen, der Schüler oder der Lehrer?), sondern nach den Möglichkeiten der Veränderung derartiger Regelkreise. Ein erster Schritt hierzu besteht in der Möglichkeit, diesen explizit zu machen und damit freizugeben für seine Veränderung.

Er könnte – im Beisein des Schülers – den Lehrer fragen: „Was glauben Sie, woran könnte der Schüler erkennen, dass es besser geworden ist?" oder „Wenn der Schüler einen Wunsch an Sie frei hätte, was glauben Sie, würde er sich von Ihnen wünschen?"

Sinngemäß gingen diese Fragen anschließend an den Schüler.

3. Eine zentrale Aufgabe von Beratungsprozessen besteht darin, implizites Wissen der Klienten durch angemessen ungewöhnliche Fragen in explizites Wissen zu übertragen, weil es erst dadurch verändert werden kann. Legt man eine systemische Sichtweise zugrunde, wird es – wie bereits im obigen Beispiel angedeutet – vor allem darum gehen, implizite Spielregeln in explizite zu übertragen. So wird deutlich, dass alle an dem (Problem-)Spiel beteiligt sind, aber auch, dass jeder Möglichkeiten besitzt, dieses zu verändern. Da es um Veränderung geht, wird sich der Berater weniger dafür interessieren, wie ein Problem (in der Wahrnehmung der Klienten) entstanden ist und was es aufrecht erhält, sondern mehr dafür, wie es sich auflösen lässt. Er wird mehr nach Lösungen und Lösungsschritten fragen, und weil Lösungen immer in der Zukunft liegen, wird er eher in diese Richtung fragen als sich mit Vergangenheiten zu beschäftigen. Auch hier wird es eher um Veränderungen von Spielregeln oder Kontexten gehen als um Versuche, Menschen direkt zu beeinflussen.

3.3 Was bedeutet „Radikaler Konstruktivismus"?

Der griechische Geschichtsschreiber Herodot (um 450 v. Chr.)
berichtet von der wohl ersten Umsegelung Afrikas um 600 v. Chr.
durch die Phönizier: „Sie fuhren aus dem Roten Meer ab,
hinaus auf den Indischen Ozean ...
(Bei ihrer Rückkehr) berichteten sie,
dass sie bei ihrer Fahrt um Libyen
die Sonne auf der rechten Seite gehabt hätten,
was ich nicht glauben kann,
vielleicht aber jemand anders."
(Herodot in: Köthe, 2008, 6)

Der Grundgedanke des „Radikalen Konstruktivismus" (ausführlich z. B. in Glasersfeld, 1996; Foerster, Poerksen, 1998; Krieg, Watzlawick, 2002) besteht wohl in der Aussage, dass es unmöglich ist, eine Aussage über Welt und Wirklichkeit zu treffen, die nicht an unsere Wahrnehmung gebunden ist. Alles, was wir sagen können, ist, wie wir die Wirklichkeit wahrnehmen.

Beispiel

Ich könnte z. B. behaupten: Vor meinem Fenster steht ein Baum!
Sie würden mich fragen: Woher weißt du das?
Ich müsste antworten: Na ja, ich sehe ihn doch.
Dieser – zunächst ganz simple – Sachverhalt ist gemeint, wenn wir in der Fachliteratur auf Sätze stoßen wie:
- Alles, was gesagt wird, wird von einem Beobachter gesagt.
- Es ist unmöglich, eine beobachterunabhängige Aussage zu machen, oder
- „Objektivität ist die Wahnvorstellung, Beobachtungen könnten ohne Beobachter gemacht werden" (Foerster, 1998, 154).

Eine zweite – hier anschließende – Erkenntnis ist die, dass wir keine Möglichkeiten haben, die Richtigkeit unserer Wahrnehmungen zu überprüfen, sondern, dass wir ganz im Gegenteil davon ausgehen können oder müssen, dass diese – unter anderem durch Selektion, einfließende Bewertungen, Erfahrungswerte – individuellen (und impliziten) Manipulationen unterworfen werden. Die Wahrnehmungspsychologie hat dies an zahllosen Beispielen hinreichend dokumentiert (vgl. z. B. Ditzinger, 1997, Steiner, 1998, Menkhoff, 2007). Damit verlagert sich der Fokus der Aufmerksamkeit weg vom Beobachteten (dem Objekt) hin zum Beobachter.

Wirklichkeit entsteht immer an dem Punkt, auf den wir unsere Aufmerksamkeit richten! Die Frage ist demnach weniger: „Was sehe ich dort?", sondern eher: „Wieso schaue ich gerade dorthin?"

Schon Heinz von Foerster hat die Forderung aufgestellt, dass wir weniger eine Psychologie des Beobachteten (des untersuchten Objekts) brauchen, sondern mehr eine Psychologie des Beobachters. „Wenn es in diesem Jahrhundert so etwas wie eine zentrale intellektuelle Faszination gibt, dann liegt sie wahrscheinlich in der Entdeckung des Beobachters" (Baecker, 1997, 17). Diese zunächst banal erscheinende Formulierung ist in ihren Folgekonsequenzen durchaus weitreichend, stellt sie doch bisherige Annahmen oder Überzeugungen auf den Kopf:

Beispiele

- Ein Lehrer, der behauptet: „In meiner Klasse sind alle Schüler verhaltensgestört!" sagt damit nichts über seine Schüler, aber ziemlich viel über sich selbst.
- Wir können nie sagen, wie ein früheres Ereignis tatsächlich war, sondern immer nur, an was wir uns erinnern, und das ist nicht identisch.
- Ebenso können wir keine Aussage darüber machen, was genau (etwa bei einem Unfall) passiert ist, sondern nur darüber, was wir gesehen haben.

- „Wer immer nur Buttercremetorte isst, weiß gar nicht, wie Buttercremetorte schmeckt" (H.-D. Hüsch).
- Studierende, die behaupten: „Dieses Seminar hat mir gar nichts gebracht!" sagen damit wenig über die Qualität des Seminars, aber viel darüber, dass sie entweder nicht in der Lage oder nicht gewillt waren, dieses Seminar für ihren Lernprozess zu nutzen.

3.4 Mögliche Bedeutungen der radikal-konstruktivistischen Sichtweise für Beratungsprozesse

„Man sollte mit den Hypothesen,
die man im Kopf hat,
flirten,
aber man sollte sie
nicht heiraten!"
(G. Cecchin)

Wenn wir die Idee akzeptieren, dass wir Menschen unterschiedliche Wirklichkeitskonstruktionen vornehmen, und damit in nicht identischen Welten leben, dann ergibt sich daraus, dass auch unsere Lösungen für bestimmte Problematiken nicht dieselben sein werden. Es macht also Sinn, den Klienten als Experten für die Lösungen seiner Probleme anzusehen und als Berater eine Position des „Nicht-Wissens" (Anderson, Goolishian, 1992) einzunehmen. Neben dieser Haltung des Beraters möchte ich an drei weiteren Überlegungen zeigen, wie sich konstruktivistische Sichtweisen auf Beratungsprozesse auswirken können.
1. Der Berater kann behilflich sein bei der Erzeugung neuer Informationen, indem er Unterscheidungen anbietet, die die Klienten bisher nicht benutzt haben. Die Unterscheidungen, die die Klienten benutzen (oder eben nicht benutzen), sind stark mitverantwortlich für ihre Wirklichkeitskonstruktionen und damit auch für ihre Probleme. Ändert sich ihre Art der Unterscheidung, so ändert sich damit auch ein Stück weit ihre Problemsicht.

Beispiel

In einem Beratungsgespräch schildert ein Vater folgende Situation: Er ist alleinerziehend und hat einen Sohn, der bereits studiert. An den Wochenenden kommt der Junge nach Hause zu seinem Vater. Einerseits freut sich der Vater über die gemeinsamen Wochenenden, andererseits ärgert er sich jedes Mal „schwarz" darüber, dass sein Sohn an diesen Tagen keinen Handschlag im Haushalt mithilft, sondern es als große Selbstverständlichkeit zu betrachten scheint, von seinem Vater umsorgt und verwöhnt zu werden. Manchmal ist er regelrecht erleichtert, wenn sein Sohn am Sonntag wieder fährt.

Ich frage: „Was wäre dir denn wichtiger, dass dein Sohn mithilft im Haushalt oder dass du dich nicht mehr so darüber ärgerst, dass er nicht mithilft?"

Nach einer Weile des Nachdenkens sagt der Vater: „Na ja, wenn ich es schaffen würde, mich nicht mehr so aufzuregen, dann könnte es mir ja auch egal sein, ob er mir hilft oder nicht."

Die angebotene Unterscheidung eröffnet zwei Lösungswege, wo der Vater bisher – durch seine Art, die Geschichte zu erzählen – nur einen Lösungsweg gesehen hat und erleichtert dadurch eine Entscheidung.

2. Ein anderer Ansatzpunkt, der sich direkt aus der konstruktivistischen Sichtweise ableiten lässt, ist die Idee, dass man sich als Berater weniger für die Sachverhalte „an sich" interessiert, sondern deutlich mehr für *die Ansichten der Beteiligten über diese Sachverhalte.* Die Meinungen der Beteiligten zum Thema sind wichtiger als das Thema selbst, oder richtiger: Es gibt kein anderes Thema als das, welches sich in den Meinungen der Beteiligten abbildet.

Besonders ergiebig wird die Erzeugung zusätzlicher Informationen, wenn man nicht die Einzelnen nach ihren eigenen jeweiligen Sichtweisen fragt, sondern sie bittet zu erzählen, welche Meinungen – ihrer Ansicht nach – die anderen zum Thema haben (sogenannte „zirkuläre Fragen").

Beispiel

Es macht einen großen Unterschied, ob der Berater die Mutter fragt:

„Wie denken Sie über die Schulverweigerung Ihres Sohnes?" oder ob er den Jungen fragt:

„Was glaubst du, wie deine Mutter über deine Schulverweigerung denkt?" oder:

„Wenn deine Mutter einen Wunsch an dich frei hätte, was glaubst du, würde sie sich von dir wünschen?"

3. Wenn Menschen sich individuelle Wirklichkeiten konstruieren, bedeutet dies auch, dass ihre jeweilige Sicht der Wirklichkeit immer nur eine Möglichkeit unter vielen anderen Möglichkeiten darstellt. Sie entscheiden sich sozusagen, eine der unendlichen Möglichkeiten als wahr und wirklich anzusehen und vielleicht sogar alle potenziellen Alternativen zu ignorieren. Dies gibt dem Berater die Möglichkeit, mit seinen Fragen auch das zum Thema zu machen, was sein könnte (spekulative Fragen). Auch auf diese Weise lassen sich relativ leicht und „gefahrlos" (für eine Spekulation kann man nicht sanktioniert werden) neue und zusätzliche Sichtweisen erzeugen.

Beispiele

„Wenn Ihr Mann jetzt hier wäre und er hätte uns zugehört, was – glauben Sie – würde er sagen, wenn ich ihn um einen Kommentar bitten würde?"

„Nehmen wir einfach mal an, Sie hätten noch eine andere Erklärung, wie könnte die lauten?"

„Nehmen wir einfach mal an, es würde besser werden, woran genau könnten Sie bzw. Ihr Mann das erkennen? Woran noch?"

3.5 Was bedeutet „Sozialer Konstruktionismus"?

„Kein Problem kann durch dasselbe
Bewusstsein gelöst werden,
das es kreiert hat."
(Albert Einstein)

Auch im „Sozialen Konstruktionismus" (ausführlich z. B. in: Gergen, 1996; 2002; 2009) geht man davon aus, dass unsere Vorstellungen über unsere Wirklichkeit Konstruktionen sind, aber der Ansatzpunkt ist hier ein ganz anderer. Im Mittelpunkt steht hier die Sprache.
Als zentrale Aussagen können hier formuliert werden:

- Unsere Vorstellungen von Wirklichkeit sind soziale Konstruktionen, die wir Menschen in einem fortlaufenden Prozess des Miteinander-Redens erzeugen, fortschreiben und verändern. Das Mittel, mit dem wir sie erzeugen, ist die Sprache. Sprache wird demnach nicht mehr als informativ verstanden, sie bildet Sachverhalte nicht mehr ab, sondern sie wird formativ, das heißt, sie erzeugt die Wirklichkeit. Zu einem Teil unserer Welt, „unserer Lebensform" kann nur das werden, für das wir auch ein Wort haben.

Hier einige Beispiele, die ich u. a. aus Zeitungsberichten gesammelt habe

„In allen samischen Dialekten gibt es einen reichen Wortschatz für die natürliche Umwelt – zum Beispiel für das Aussehen der Rentiere. Pelz, Gehörn, Geschlecht und Alter eines Rentieres können so detailliert beschrieben werden, dass man das Tier in einer Herde von mehreren Tausend erkennen kann" (Süddeutsche Zeitung, 2002, 11).

„Eins, zwei, viele – Menschen, deren Sprache keine Zahlwörter kennt, können unterschiedlich große Mengen auch gedanklich nicht unterscheiden" (Thüringer Allgemeine vom 25. 8. 2004).

„Sprache bestimmt Farben – Russen sehen Blau mit anderen Augen als Amerikaner. Die Muttersprache hat Einfluss darauf, wie Farben wahrgenommen werden ... Das Russische kennt kein Wort für Blau, sondern differenziert Hellblau (goluboi) und Dunkelblau (sinij)" (Thüringer Allgemeine vom 4. 5. 2007). *Wenn Fräulein Smilla zwanzig unterschiedliche Begriffe hat für das, was wir Schnee nennen, dann kann sie deshalb bei der Wahrnehmung von Schnee auch mit Unterscheidungen arbeiten, die uns nicht zur Verfügung stehen und so mit Hilfe ihrer Sprache eine andere Wirklichkeit erzeugen, als wir es könnten.*

Die Taz schrieb am 20./21. 9. 1997 auf ihrer Titelseite: *„Massenintoxikation in München – Heute beginnt auf der Theresienwiese der bayerischen Hauptstadt der weltweit größte Rauschmittelexzeß – Polizei rechnet mit Toten und Schwerstverletzten – Rotes Kreuz errichtet Ausnüchterungszellen direkt auf dem Festplatz"* – (die Rede ist hier vom Münchener Oktoberfest).

- Wenn Wirklichkeit sprachgebunden ist, dann wird auch verständlich, dass die Wirklichkeitsvorstellungen, die mit Hilfe der deutschen Sprache erzeugt werden, andere sein müssen als die der Franzosen. „Liebe" etwa ist nicht dasselbe wie „L'amour" oder das „love" der Engländer. Sie scheint eher eine epochal und kulturell höchst unterschiedliche Konstruktion zu sein als ein weltumspannendes Grundgefühl (Natho, 2011) oder eine Universalie. „Wenn das Sprechen einer Sprache bedeutet, dass man die Welt in einer bestimmten Weise sieht, so bedeutet zwei Sprachen zu sprechen, den Zauber durchbrochen zu haben ... zu wissen, dass es verschiedene Weltbilder, verschiedene Zivilisationen, verschiedene Kulturen gibt, so wie wir unterschiedliche sprachliche Strukturen kennen" (Eco, 1989, 83).

- Folglich gibt es mindestens so viele Vorstellungen von Wirklichkeiten, wie es Sprachgemeinschaften gibt, Ludwig Wittgenstein sprach hier von „Sprachspielen und Lebensformen" (in Macho, 1996, 236). Auch innerhalb einer Gruppe mit einer gemeinsamen Sprache sind zahllose Missverständnisse und unterschiedliche Sichtweisen möglich, weil dieselben Wörter für verschiedene Menschen durchaus unterschiedliche Bedeutungen haben können oder mit anderen Konnotationen versehen sind.

• Sprache ist deshalb auch nicht statisch oder deskriptiv, sondern sie verändert sich laufend weiter. Paul Feyerabend: „Der Schluss, zu dem ich aufgrund all dieser Überlegungen gekommen bin, ist der, dass die Sprache uneindeutig ist, dass es gut ist, dass sie uneindeutig ist, und dass jeder Versuch, sie festzunageln, das Ende des Denkens, des Liebens, des Handelns, kurz, des Lebens wäre" (1998, 116). An anderer Stelle schreibt er: „Aber Begriffe sind wie Spachtelmasse – man kann sie zu vielen verschiedenen Gestalten formen" (ebd., 163).

Aus dieser Sichtweise heraus wird auch deutlich, wieso es eigentlich zu dem in jedem zweiten Vorwort eines Fachbuches beklagten Dilemma kommt, dass es leider bisher noch immer nicht gelungen sei, den Terminus (hier bitte nach Belieben einfügen, z. B. Behinderung, Bildung, Kultur, Gesundheit, Normalität, ...) endgültig und trennscharf (für den Rest der Zeiten) zu definieren. Sprache bildet Wirklichkeit nicht ab, sondern erzeugt sie. Wäre es anders, dann wäre die endgültige Definition längst kein Problem mehr, und wir hätten in der Pädagogik bei Erziehungsschwierigkeiten nicht fünf (oder mehr) Klassifikationen, sondern eine (nämlich die „richtige") würde ausreichen.

Bevor ich auf die mögliche Bedeutung dieser Sichtweise für Beratungsprozesse eingehe, möchte ich in einem kleinen Exkurs darstellen, wie diese beiden Erkenntnistheorien – Radikaler Konstruktivismus und Sozialer Konstruktionismus – aufeinander bezogen und miteinander verknüpft werden können. (Merkwürdigerweise scheinen sich die Vertreter dieser beiden Ansätze nicht für die alternative oder besser: ergänzende Sichtweise zu interessieren.)

Ludwig Wittgenstein (in Macho, 1996, 236 ff., insbesondere 275) hat hierzu eine – wie ich finde – hilfreiche Metapher angeboten, die vom Käfer in der Schachtel. Wittgenstein schreibt:

„Angenommen es hätte Jeder eine Schachtel, darin wäre etwas, was wir ‚Käfer' nennen. Niemand kann je in die Schachtel des Andern schaun; und Jeder sagt, er wisse nur vom Anblick seines Käfers, was ein Käfer ist. – Da könnte es ja sein, dass Jeder ein anderes Ding in seiner Schachtel hätte. Ja, man könnte sich vorstellen, dass sich ein solches Ding fortwährend veränderte" (ebd. 274 f.).

Wittgenstein erläutert sein Bild am Beispiel des Schmerzes. Der Schmerz, den ein Mensch erlebt, wäre sozusagen der Käfer, das Wort Schmerz die Schachtel. Ein anderer Mensch hat aber niemals einen direkten Zugang zu dem Schmerz eines anderen, sondern immer nur zu dessen Versprachlichung des Schmerzes, er sieht niemals den Käfer, sondern immer nur die Schachtel. Die Versprachlichung ist aber niemals identisch mit dem Schmerz selbst, so wie die Schachtel nicht der Käfer ist, sondern immer nur eine soziale Konstruktion, die hinreichendes aber niemals vollständiges Verstehen ermöglicht. Ken Gergen weist darauf hin, dass, gelänge einem Menschen vollständige Übereinstimmung zwischen seinem Schmerz und seiner Versprachlichung, dies nur dazu führen würde, dass der Andere ihn nicht mehr verstehen würde, da seine individuelle Schmerzerfahrung eine andere ist (Gergen, 1996). Wie weit eine konkrete Erfahrung und der Versuch, diese sprachlich mitzuteilen, auseinander liegen können, zeigt sich meines Erachtens am Deutlichsten bei dem Versuch, einen Traum zu erzählen, einen Geschmack zu beschreiben oder den Genuss zu erklären, den das Hören einer bestimmten Musik in mir erzeugt.

Wenn wir diesen Gedanken folgen, dann bleibt nur eine möglicherweise bestürzende Konsequenz, nämlich die Erkenntnis, dass es in unserem Leben eine Ebene gibt, auf der wir völlig allein sind und die wir mit niemandem teilen (können), die Ebene unserer unmittelbaren Wahrnehmungen und Erfahrungen (das Hören einer Musik, der Geschmack einer Frucht, der Stich einer Wespe). Nur locker verbunden hiermit ist die Ebene der Sprache, auf der wir, eingebunden in eine lokale Gemeinschaft und im sozialen Verbund, uns mit Hilfe der Sprache auf gemeinsame Vorstellungen gemeinsamer Wirklichkeiten verständigen. Aber auch hier gilt: Gemeinsame Vorstellungen und Konsens sind kein Kriterium für Wahrheit.

3.6 Mögliche Bedeutungen der sozial-konstruktionistischen Sichtweise für Beratungsprozesse

„Die Tatsache, dass es verschiedene Sprachen gibt,
ist die unheimlichste Tatsache der Welt.
Sie bedeutet, dass es für dieselben Dinge verschiedene Namen
gibt.
Und man müsste daran zweifeln,
dass es dieselben Dinge sind."
(Elias Canetti)

Wenn wir den zentralen Gedanken akzeptieren, Sprache eine formative Kraft zuzuschreiben, dann liegen die Konsequenzen dieser Sichtweise für Beratung und für die (Auf-)Lösung von Problemen auf der Hand. Sie bestehen zum einen darin, eine Geschichte dadurch zu verändern, indem man sie in anderen Worten erzählt, zum zweiten darin, die Bedeutung(en) wichtiger Begriffe explizit zu machen, indem man nach den genauen Bedeutungen fragt.

Beispiel 1

Eine Mutter eröffnet ein Gespräch mit dem Satz: „Ich leide an meinem heranwachsenden Sohn!"

Berater: „Können Sie mir ein bisschen genauer erzählen, wieso Sie sich solche Sorgen um Ihren Sohn machen?"

Der Berater bietet hier der Frau ein alternatives Sprachspiel an: „sich Sorgen machen" statt „leiden". Während „leiden" sehr stark negative Assoziationen hervorruft, kann man „sich Sorgen machen" auch positiv verstehen. Viele Menschen glauben etwa an die implizite Überzeugung, dass die Qualität einer Beziehung über das Ausmaß an Sorge ausgedrückt werden könne: „Eine gute Mutter erkennt man daran, dass sie sich Sorgen um ihren Sohn macht."

Eine derart veränderte Wortwahl verändert den dramatischen Gehalt einer Geschichte.

Beispiel 2

Eine in den USA in der Psychiatrie untergebrachte junge Frau hält in einem Therapiegespräch ein leidenschaftliches Plädoyer „gegen Unabhängigkeit (against independence)". „People should not be independent, people should care", sagt sie wörtlich. Hier ein Auszug aus dem Gespräch zwischen ihr und dem Therapeuten.

Klientin: Also ... es war ausgesprochen.

Therapeut: Ausgesprochen? Das Wort unabhängig?

Klientin: Ja.

Therapeut: In der Art „Du sollst unabhängig sein" oder Unabhängigkeit im Allgemeinen oder ...?

Klientin: Wir sollten unabhängig sein. Sie (die Eltern) wollten, dass wir unabhängig sind ... und ...

Therapeut: So wie ... auf dem Weg, als du das Wort kennenlerntest und dieses Wort Teil von dir selber werden ließest ... Was siehst du in diesem Wort, wenn du in das Wort Unabhängigkeit schaust?

Klientin: Ich mag es nicht. Ich persönlich mag das Wort nicht besonders. Teilweise ...

Therapeut: Siehst du, dass ... Erzähl mehr, was magst du nicht, wenn du in das Wort siehst, oder in das Wort blickst?

Klientin: Also ich sehe ... über Einsamkeit zu sprechen fällt mir schwer ... du weißt, dass ich ... das war etwas, wo ich versuche, nicht zu viel daran zu denken ... an, ich schätze, das Wort unabhängig bedeutet „alleine bleiben"...und für mich ist das einsam werden ... alleine sein ... äh ... das ist, was das Wort ... Wir sprachen häufig über das unabhängig sein und schließlich sagte ich: benutzt dieses Wort nicht mehr für mich. Es verstärkt etwas, was

47

ich wirklich nicht mag ... Alles alleine erledigen müssen. Ich muss ... ich habe immer empfunden, dass es mir aufgezwungen wurde ... für mich ... was ich gerne tun würde, ist nur ... Ich glaube nicht, dass Unabhängigkeit eine Tugend ist. Ich glaube das wirklich nicht. Ich meine, alleine bleiben ... äh ... alles selbst bewältigen zu müssen. (Pause)

Therapeut: Was glaubst du, was dein Vater sieht, wenn er in dieses Wort hineinsieht?

Klientin: Mein Vater? Das ist alles ganz anders ... für ihn bedeutet Unabhängigkeit Macht ... er kann machen, was er will ... er hat Einfluss[5].

Wenn wir uns über den Prozess des Miteinander-Redens auf gemeinsame Sichtweisen verständigen und diese auch auf demselben Weg kontinuierlich fortschreiben, dann werden auch die Meinungen der Beteiligten zu einem Thema wichtiger als das Thema selbst (falls es noch woanders zu finden sein könnte als in diesen Meinungen, was ich aber nicht glaube).

Dies scheint mir eine sehr effiziente und einfache Möglichkeit, eine Fülle neuer Informationen (durch das Erzeugen zusätzlicher Unterscheidungen) zu erzeugen. Der Berater stellt nicht das *Thema* der Klienten in den Mittelpunkt der Erörterung, sondern die (verschiedenen) *Meinungen der Beteiligten zum Thema*. Fragen dieser Art werden meistens als „zirkuläre Fragen" bezeichnet. Sie scheinen deshalb besonders geeignet zu sein, weil sie nicht nur zu neuen Sichtweisen in Bezug auf das Thema führen, sondern – mehr noch – zu neuen Sichtweisen von Sichtweisen des Themas. Oder einfacher ausgedrückt: Es entstehen neue Informationen sowohl auf der Sach- als auch auf der Beziehungsebene.

---

5 Bei diesem Beispiel handelt es sich um die Transkription eines Gespräches, das ich Tom Andersen verdanke, der das Gespräch auch geführt hat.

Beispiele

„Boscolo: Lassen Sie mich Dori fragen. Stimmst du dem zu, was deine Mutter gerade gesagt hat: Dass sich dein Vater bis vor sechs Monaten mit Diane besser verstand als mit Lisa und dir? Seit einem halben Jahr gibt es zwischen deinem Vater und Diane wenig Kommunikation. Welche Erklärung hast du dafür?

Dori: Weiß ich nicht.

Boscolo: Lisa, hast du eine Idee? (keine Antwort) Wenn ich Diane fragen würde, glaubst du, dass sie mir eine Erklärung geben wird?

Lisa: (sanft) Nein.

Boscolo: Warum nicht? Weil sie nicht will, oder weil sie nicht kann, oder weil sie es nicht weiß?

Lisa: Ich weiß es nicht.

Boscolo: Diane, stimmst du deiner Mutter zu, dass du dich als einzige mit deinem Vater verstanden hast? Und dann, vor sechs Monaten, hat sich etwas verändert?

Diane: Ja

Boscolo: Was ist passiert? (keine Antwort) Dori, wenn Diane jetzt antworten würde, was würde sie dann sagen?" (Boscolo, 1992, 146)

„Robert, was glaubst du, wie sich dein Lehrer dein problematisches Verhalten erklärt?"

„Wenn Deine Lehrerin sich etwas von dir wünschen dürfte, was meinst du, würde das sein?"

„Nehmen wir an, dein Vater und deine Mutter wären hier, hätten uns zuhören können, und wir würden sie um einen Kommentar bitten. Was glaubst du, würde dein Vater sagen? Und was deine Mutter? Wie, glaubst du, würden sie erklären, dass sie so unterschiedlicher Meinung sind?"

Ganz allgemein kann man darüber hinaus auch sagen, dass die sozial-konstruktionistische Sichtweise, dass wir gemeinsame Vorstellungen über Wirklichkeit über die Sprache erzeugen, die wir verwenden, dazu führt, sich um eine behutsame, wertschätzende, relativierende und depathologisierende Sprache zu bemühen.

3.7 Was bedeutet Narration?

Die Idee der Narration (ausführlicher z. B. in Kotre, 1995; Kraus, 1996; Lakoff, Johnson, 2004; White, Epston, 2009; Grossmann, 2000) überträgt zunächst ganz einfach den konstruktivistischen Grundgedanken von konstruierten Welten und Wirklichkeiten auf uns selbst. Wir erfinden uns, indem wir uns erzählen. Oder: Wir sind letztendlich die Summe der Geschichten, die wir über uns zu erzählen wissen.

Henriette Schildberg schreibt hierzu: „Man kann sicher unterschiedlicher Meinung sein, welche Bedeutung die Geschichten, die Menschen über sich selber erzählen, für sie selbst, ihr Selbstwertgefühl, ihr Selbstkonzept oder ihre Selbstwahrnehmung besitzen. Einmütigkeit dürfte darüber bestehen, dass alle Menschen einen Vorrat von Geschichten über sich selbst besitzen, dass diese Geschichten bedeutungsvoll für sie sind und dass der Verlust dieser Geschichten (etwa durch eine Krankheit im Alter oder einen Unfall) als ernsthafte Bedrohung ihrer selbst verstanden wird.

Innerhalb des narrativen Ansatzes wird der Bedeutung der Geschichten, die Menschen über ihr Leben erzählen können, so viel Bedeutung beigemessen, dass man als extreme Formulierung sagen könnte: Die Identität eines Menschen besteht aus der Summe der Geschichten, die er über sich zu erzählen weiß!" (Schildberg, 2001, 24 f.).

Diese Grundannahme ist wesentlich optimistischer in Bezug auf die Möglichkeiten, sich zu verändern (indem man sich anders erzählt als bisher), als die alternative Sichtweise, wir seien durch Eigenschaften, Persönlichkeit, Charakter (oder eine ähnliche Annahme) determiniert. Denn dann *sind* wir nicht, sondern wir erfinden uns immer wieder neu, durch die Art und Weise, wie wir uns erzählen. Wir sind nicht mehr nur „human being", sondern immer auch „human becoming".

Weiterhin lässt diese Sichtweise auch den Gedanken zu, dass wir uns in verschiedenen Kontexten unterschiedlich erzählen, dass wir also über mehrere oder gar viele Narrationen über uns verfügen. Vor allem wenn wir eine systemische Perspektive wählen, können wir nicht nur sagen, dass wir (mindestens) über so viele Narrationen und damit Verhaltensskripte verfügen, wie es Kontexte gibt, in denen wir unterwegs sind, sondern auch, dass diese in Einzelfällen durchaus nicht kompatibel sind.

Beispiel

Zitat aus dem Roman: „Mein Name sei Gantenbein" von Max Frisch:

„Ich habe einen Mann gekannt", sage ich, „einen andern, der nicht ins Irrenhaus kam", sage ich, „obschon er ganz und gar in seiner Einbildung lebte." Ich rauche. „Er bildete sich ein, ein Pechvogel zu sein, ein redlicher, aber von keinem Glück begünstigter Mann. Wir alle hatten Mitleid mit ihm. Kaum hatte er etwas erspart, kam die Abwertung. Und so ging's immer. Kein Ziegel fiel vom Dach, wenn er nicht vorbei ging. Die Erfindung, ein Pechvogel zu sein, ist eine der beliebtesten, denn sie ist bequem. Kein Monat verging für diesen Mann, ohne dass er Grund hatte zu klagen, keine Woche, kaum ein Tag. Wer ihn einigermaßen kannte, hatte Angst ihn zu fragen: Wie geht's? Dabei klagte er nicht eigentlich, lächelte bloß über sein sagenhaftes Pech. Und in der Tat, es stieß ihm immer etwas zu, was den anderen erspart bleibt. Einfach Pech, es war nicht zu leugnen, im großen wie im kleinen. Dabei trug er's tapfer", sage ich und rauche, „– bis das Wunder geschah." Ich rauche und warte, bis der Barmann, hauptsächlich mit seinen Gläsern beschäftigt, sich beiläufig nach der Art des Wunders erkundigt hat. „Es war ein Schlag für ihn", sage ich, „ein richtiger Schlag, als dieser Mann das große Los gewann. Es stand in der Zeitung und so konnte er's nicht leugnen. Als ich ihn auf der Straße traf, war er bleich, fassungslos, er zweifelte nicht an seiner Erfindung, ein Pechvogel zu sein, sondern an der Lotterie, ja an der Welt überhaupt. Es war nicht zu Lachen, man musste ihn geradezu trösten. Vergeblich. Er konnte es nicht fassen, dass er kein Pech-

vogel sei, wollte es nicht fassen und war so verwirrt, dass er, als er von der Bank kam, tatsächlich seine Brieftasche verlor. Und ich glaube, es war ihm lieber so", sage ich, „andernfalls hätte er sich ja ein neues Ich erfinden müssen, der Gute, er könnte sich nicht mehr als Pechvogel sehen. Ein anderes Ich, das ist kostspieliger als der Verlust einer vollen Brieftasche, versteht sich, er müsste die ganze Geschichte seines Lebens aufgeben, alle Vorkommnisse noch einmal erleben, und zwar anders, da sie nicht mehr zu seinem Ich passen" (Frisch, 1998, 51 f.).

3.8 Mögliche Bedeutungen der narrativen Sichtweise für Beratungsprozesse

Wenn wir die Idee akzeptieren, dass wir uns über unsere Geschichten und Erzählungen eine oder mehrere Identitäten entwerfen, dann verändern sich diese, wenn sich unsere Geschichten verändern. „Der Begriff ‚narrativ' impliziert ein Zuhören zu und Erzählen oder Wiedererzählen von Geschichten über Personen und deren Problemen. Angesichts ernster und manchmal möglicherweise tödlicher Probleme könnte die Idee des Zuhörens und Erzählens von Geschichten eine triviale Beschäftigung scheinen. Es fällt uns schwer zu glauben, dass Konversationen neue Wirklichkeiten formen können. Aber sie können das" (Freeman, 2000, 21).

Die Aufgabe des Beraters besteht dann darin, die Klienten dazu zu ermutigen, ihre Erzählungen zu verändern. Dies kann gelingen durch intensives Zuhören, konkretes Nachfragen, Erzeugen von Unterscheidungen, Anbieten von alternativen Formulierungen, Begriffen oder Sichtweisen. Manchmal reicht es schon, einem konzentrierten Zuhörer einen Sachverhalt ausführlich und präzise darstellen zu können, um den darin eingelagerten Problemgehalt zum Verschwinden zu bringen.

„Was die kleine Momo konnte wie kein anderer, das war: Zuhören. Das ist doch nichts Besonderes wird nun vielleicht mancher Leser sagen, zuhören kann doch jeder. Aber das ist ein Irrtum. Wirklich zuhören können nur ganz wenige Menschen. Und so wie Momo sich aufs Zuhören verstand, war es ganz und gar einmalig. Momo konnte so zuhören, dass dummen Leuten plötzlich sehr gescheite Gedanken kamen. Nicht etwa, weil sie etwas sagte oder fragte, was den anderen auf solche Gedanken brachte, nein, sie saß nur da und hörte einfach zu, mit aller Aufmerksamkeit und aller Anteilnahme. Dabei schaute sie den anderen mit ihren großen, dunklen Augen an, und der Betreffende fühlte, wie in ihm auf einmal Gedanken auftauchten, von denen er nie geahnt hatte, dass sie in ihm steckten" (Ende, 1973, 17).

Als narrativ orientierte Fragen können gelten:

• Welchen Geschichten erlaube ich, in meinem Leben bedeutungsvoll zu sein?

• Inwieweit bin ich mit diesen Geschichten einverstanden?

• Welche Geschichte würde ich gerne verändern?

• Wie kann ich sie so erzählen, dass ich mit ihnen zufriedener oder sogar einverstanden sein kann?

4

Bausteine für die Praxis I –
Angemessen ungewöhnlich fragen

Kurzes Gespräch mit einem Schüler, der keinen Bock auf Schu-
le hat:
L.: Was meinst du, wer macht sich am meisten Sorgen wegen
deiner Schulleistungen?
S.: Die Mama!
L.: Und wer dann?
S.: Der Papa!
L.: Wer noch?
S.: Die Lehrer!?
L.: Und was glaubst du, meint die Mama, wer sich am meisten
Sorgen machen sollte?
S.: Na, ich natürlich!

In diesem Kapitel wird es um drei Dinge gehen. Im Absatz 4.1 werde
ich versuchen, die zentrale Fragerichtung des Beraters zu verdeutlichen.
Sie besteht darin, das „Problem", das die Klienten mitbringen und das

sie möglicherweise als statisch und unlösbar erleben und darstellen, zu überführen in eine Erzählung, die (wieder) Entscheidungsmöglichkeiten enthält. Während die Klienten sich also auf ihre Erfahrungen berufen, die sie in Bezug auf ihr Problem gesammelt haben, vertritt der Berater eher eine Position der Argumentation gegen die Erfahrung. (Diese wunderbare Formulierung stammt von dem Philosophen Paul Feyerabend.) Dies bedeutet nicht, dass er die Erfahrungen der Klienten entwertet oder sie widerlegen will, sondern vielmehr, dass er sie anzureichern versucht durch mögliche alternative Beschreibungen oder Sichtweisen.

Im Abschnitt 4.2 werde ich einige Überlegungen anbieten zu Setting. Viele Berater lassen sich sehr viel Zeit bei der Besprechung und Abklärung der Rahmenbedingungen und kommen erst dann zum „eigentlichen Thema", wenn diesbezüglich auf Seiten der Klienten keinerlei Fragen oder Unsicherheiten mehr bestehen. Nach meiner Auffassung beruht dies vor allem auf zwei Gründen:

• Es ist schwierig, eine Gesprächsregel im Nachhinein einzuführen, etwa erst dann, wenn sie mehrfach verletzt worden ist. Hier ist es viel einfacher und zielführender, sich im Vorfeld auf klare Absprachen zu berufen.

• Klienten werden in dem Maße kooperieren, in dem sie sich sicher fühlen, oder umgekehrt, so lange mit Vertrauensvorbehalten operieren, wie sie nicht wissen können, was auf sie zukommen wird. Insofern schafft die Klärung des Settings in erster Linie Sicherheiten auf Seiten der Klienten, dies ist eine unabdingbare Voraussetzung für Kooperation im folgenden Gesprächsverlauf.

Abschnitt 4.3 enthält eine Übersicht und Zusammenstellung des zentralen Instrumentes des Beraters, der „angemessen ungewöhnlichen Fragen".

4.1 Die Argumentation gegen die Erfahrung

Wenn Pädagogen gefragt werden, wieso sie in einer bestimmten Situation genau so und nicht anders reagiert haben, dann berufen diese sich häufig auf ihre diesbezügliche Erfahrung. Sie sagen dann etwa: „Ich weiß doch aus Erfahrung, wie es weitergeht, wenn ich nicht eingreife!" oder: „Ich habe inzwischen so viel Erfahrung mit derartigen Situationen, dass ich genau weiß, was zu tun ist!" Diese Sichtweise ist sicher sehr ökonomisch, kräftesparend, plausibel und sicher auch effizienter, als jedes Mal etwas Neues auszuprobieren. Insofern ist gegen die Argumentation mit der Erfahrung in der Praxis, in konkreten Handlungssituationen kaum etwas einzuwenden. Schwierig wird diese Sichtweise, wenn es um die Arbeit an Veränderungen geht, denn sie beruft sich auf das Vertraute, das Bekannte und Altbewährte und blendet alles aus, was hier nicht dazu gehört.

„Komplexität erzeugt Unsicherheit. Unsicherheit erzeugt Angst. Vor dieser Angst wollen wir uns schützen. Darum blendet unser Gehirn all das Komplizierte, Undurchschaubare, Unberechenbare aus. Übrig bleibt ein Ausschnitt – das, was wir schon kennen. Weil dieser Ausschnitt aber mit dem ganzen, das wir nicht sehen wollen, verknüpft ist, unterlaufen uns viele Fehler – der Misserfolg wird logisch vorprogrammiert" (Dörner, 1992, Einband).

Der Rückgriff auf die eigene Erfahrung ist ein solches probates Mittel zur Reduktion von Komplexität. Weil ich eine bestimmte Situation schon oft bewältigen musste, verfüge ich über eine ganz bestimmte Erwartungshaltung, diese erzeugt eine selektive Wahrnehmung, die alles das registriert, was meiner Erwartungshaltung entspricht, und am Ende kann ich mir bestätigen, dass ich wieder einmal im Recht war.

Beispiele

Wenn ich mich ausschließlich auf meine Erfahrung berufe, dann ist die Erde zwangsläufig eine Scheibe, die Sonne geht im Westen auf und im Osten unter und die Idee einer Erdbewegung müsste zurückgewiesen werden, wie es schon zu Galileis Zeiten der Fall war:

„Den weniger aufgeklärten Zeitgenossen muß die Vorstellung, dass die Erde sich mit allem, was da kreucht und fleucht, drehe, geradezu grotesk erschienen sein. Aber auch gebildete Leute glaubten, dass die nicht fest mit der Erde verbundenen Lebewesen und Gegenstände durch die Drehung der Erde in die Luft geschleudert werden müssten ... Sich auf Argumente von Aristoteles berufend, führten die Gelehrten u. a. ins Feld, dass auf einer sich bewegenden Erde ein von einem Turm oder vom Mast eines fahrenden Schiffes herabfallender Stein beim Aufprall auf die Erde hinter dem Turm bzw. dem Mast zurückbleiben müsste. Ebenso würden die Vögel in der Luft genötigt, gegen die Erdbewegung anzufliegen" (Mudry, 2005, 19).

In Beratungs- und Moderationssituationen geht es demgegenüber aber fast immer um Reflexionen oder den Gedankenaustausch mit dem Ziel der Veränderung, eine „Ist-Situation" soll sich in einen „Soll-Zustand" entwickeln. Sachverhalte werden als statisch oder determiniert angesehen und sollen durch die Beratung wieder „flüssig werden", dynamisch und veränderbar. Für solche Prozesse scheint es hilfreicher, gegen bisherige Erfahrungen zu argumentieren und alternative Sichtweisen zuzulassen.

„Wir müssen schließen, dass die Wissenschaft ihren Ausgang nicht von der Erfahrung nimmt. Sie begann damit, dass man gegen die Erfahrung argumentierte, und sie überlebte, indem man die Erfahrung zur Schimäre erklärte" (Feyerabend, 1998, 58).

„Wichtige wissenschaftliche Prinzipien wurden gegen die Erfahrung (oder später gegen experimentelle Ergebnisse) eingeführt, nicht in Übereinstimmung mit ihr" (Feyerabend, 1998, 95).

Deswegen ist in vielen Beratungsbeispielen ein Grundmuster zu erkennen, das darin besteht, mit Ideen oder Überzeugungen zu arbeiten, die Veränderungen, Alternativen, Entwicklungen oder die Wahrnehmung von Selbstwirksamkeit zulassen und gleichzeitig Ansichten und Glaubensmuster in Frage stellen, die Statik und Unveränderbarkeit erzeugen. In die selbe Richtung zielt die Idee, Ansichten, die die Unlösbarkeit des Problems oder die eigene Hilflosigkeit betonen, das Ausgeliefert-Sein an andere Mächte und die damit verbundene Zurückweisung der Übernahme von Verantwortung (für einen Teil der Geschichte) umzuformulieren in Sprachspiele, die die Möglichkeit von Einfluss, Entscheidungsbefugnis und Eigenverantwortung betonen, da dies notwendige Voraussetzungen sind für das Arbeiten an Veränderungen.

Wenn wir uns einmal in die Perspektive begeben, aus der heraus die Klienten ihre Geschichte betrachten, dann wird schnell deutlich, dass es für sie Sinn macht, diese als statisch und veränderungsresistent zu erleben und zu beschreiben, da sie so nicht nur Komplexität reduzieren (und dadurch die Übersicht behalten), sondern sich selbst auch wirksam vor möglicher Kritik schützen. Wenn Alkoholprobleme als Krankheit erzählt werden, erhält die Geschichte sowohl ein klares Strukturgitter (oder Ablaufschema) als auch eine eindeutige Verortung der Verantwortung (des Mediziners) und der Auflösung von „Schuld".

„Die Familie kommt für gewöhnlich mit einer rigiden Karte, d. h. einer festen Erklärung für das, was passiert" (Boscolo, 1992, 133). Die Aufgabe des Beraters besteht dann darin, neben der Beschreibung der Klienten eine Version anzubieten, die Entscheidungsmöglichkeiten, Veränderungen oder zusätzliche Unterscheidungen impliziert: „Wenn du fragst: ‚Wann hast du dich entschlossen, nicht mehr zu essen? Wer ist damit einverstanden?', implizierst du, dass sie auch beschließen könnte, wieder zu essen und dergleichen" (Boscolo, 1992, 137).

Beispiel

Vorgeschichte: Eine Therapeutin hat die Klientin, Frau Schneider, zu dem Therapeuten Fritz Simon in Behandlung geschickt, weil sie vermutet, Frau Schneider könnte manisch-depressiv sein.

F. Simon: Hm, hm. Das heißt also wenn ...

Frau Schneider: (unterbricht) Ich meine, als ich in der Depression war, sehr stark, ja gut, da war ich selber dann irgendwo überzeugt: das wird wohl stimmen, dann werden wohl alle recht haben, und es ist manisch-depressiv.

F. Simon: Also, wenn wir zu dem Schluss kämen, es wäre nicht manisch-depressiv, dann würden Sie wieder zu Ihrer Therapeutin zurückgehen? Heißt es das?

Frau Schneider: Nein, nicht unbedingt.

F. Simon: (an Herrn Schneider gerichtet) Hm, ja. Was macht denn für Ihre Frau diesen Unterschied aus zwischen manisch-depressiv und nicht manisch-depressiv? Das ist ja offensichtlich eine Frage, die im Raume steht, die wichtig zu sein scheint. Was wäre, wenn das so etikettiert würde: Es ist manisch-depressiv? Was ist der Unterschied zu: Es ist nicht manisch-depressiv?

Herr Schneider: Na, der Unterschied ist: Wenn es manisch-depressiv ist, kann man es behandeln. Das haben uns die Ärzte versichert.

F. Simon: Ist das jetzt Ihre Meinung oder die Ihrer Frau?

Herr Schneider: Das ist auch die Meinung der Ärzte in der Psychiatrie.

F. Simon: Was denken Sie, was für Ihre Frau den Unterschied macht?

...

Herr Schneider: Ja, im anderen Fall (wenn es nicht manisch-depressiv ist) hieße es, dass ich an all den Sachen offenbar schuld war (*zuckt die Achseln, schaut seine Frau an*).

(Simon, 1999, 23 f.)

Fritz Simon versucht in diesem Beispiel die vergleichsweise statische Sichtweise „es ist eine Krankheit" zu irritieren durch seine Frage, was es denn wäre, wenn es keine Krankheit wäre. Dadurch entsteht eine zusätzliche Sichtweise, die zu neuen Reflexionen und Handlungsmöglichkeiten führen kann.

Dieser Gedanke erscheint mir auch für schulische Kontexte von hoher Bedeutung. Durch die Bereitstellung und Verwendung von bestimmten Etiketten (wie z. B. „Lernbehinderung", „Schulverweigerung" oder „Hyperaktivität"), die durch Diagnosen „festgestellt werden" (bitte beachten Sie die doppelte Wortbedeutung), wird Komplexität reduziert auf einen Begriff,

- der zwar zu klaren (sonder-)pädagogischen Folgeprogrammen führt (sonderpädagogischer Förderbedarf), hier aber ebenso klare Begrenzungen vornimmt,
- der die Ursache in der Person festlegt, die etikettiert worden ist, und der dadurch den Pädagogen schützt
- und der eher eine statische Wahrnehmung erzeugt und damit mögliche Veränderungen eher blockiert als befördert.

4.2 Einige Überlegungen zur Vorgehensweise bei Beratungsgesprächen

Bevor in diesem Kapitel die zahlreichen Bausteine einer systemisch orientierten Beratungspraxis beschrieben werden, scheint es mir sinnvoll, auf die zahlreichen Verknüpfungen und Überschneidungen mit anderen, alternativen Beratungskonzepten hinzuweisen. Bei Beratungsgesprächen geht es ja nie darum, eine bestimmte Vorgehensweise in Reinform zu praktizieren, sondern das zu tun, was für die Klienten als das jeweils Nützlichste und Vernünftigste erscheint. Insofern dürfte Beratungspraxis fast immer eine Mischung oder gar ein eklektizistisches Nebeneinander von Arbeitsweisen aus verschiedenen Konzepten darstellen. Auch wenn Berater sich an systemischen Sichtweisen orientieren, so entwickelt doch jeder von ihnen im Laufe der Zeit seine ganz eigene Art in der Moderation von Gesprächen.

Umgekehrt scheint es mir nicht sinnvoll, bestimmte Bausteine, die man in vielen verschiedenen Beratungsansätzen finden kann, als systemisch zu bezeichnen, nur weil sie hier ebenfalls auftauchen.

Einen Auftrag erhalten oder aushandeln

Ein Anlass für Beratungsgespräche in der Schule besteht häufig darin, dass ein Lehrer mit einem Schüler oder einer Klasse (eventuell auch mit Kollegen) nicht (mehr) so klarkommt, wie er sich dies gewünscht oder erwartet hat. Diesen Sachverhalt bewertet der Kollege als Problem. Dieses Problem möchte er gerne dadurch lösen, dass er dem Gegenüber (und eventuell dessen Eltern) ein Beratungsgespräch anbietet. Der Schüler (und dessen Eltern) erleben den relevanten Sachverhalt aber möglicherweise (noch) nicht als Problem. Es ist der Lehrer, der ein Problem hat, nicht der Schüler und/oder seine Eltern. In einer solchen Konstellation beraten zu wollen, ist in zumindest zweifacher Hinsicht vom Scheitern bedroht. Erstens hat der Berater von denjenigen, die er als Klienten definiert, keinen Beratungsauftrag (Mutter: „Also, bei uns zu Hause, da ist er immer lieb!"), und ohne explizit ausgehandelten Auftrag durch die Klienten kann Beratung kaum funktionieren, und zum anderen sollte immer derjenige sich um Beratung bemühen, der sich als Träger des Problems definiert, und das ist in einem solchen Fall der Lehrer. „Beratungsgespräche" dieser Art, ihr Scheitern und die Unzufriedenheit, die sie bei allen Beteiligten auslösen, haben mit dazu beigetragen, dass Beratung (oder Supervision oder eine reflexive Arbeitskultur) in anderen professionellen sozialen Kontexten selbstverständlich sein mag, in der Schule aber häufig von Argwohn und Misstrauen begleitet ist.

Etwas allgemeiner und auch ganz unabhängig vom Kontext Schule kann man als „Faustregel" formulieren, dass eine Person für die Aufgabe des Beraters um so weniger in Frage kommt, je mehr sie in das Thema und in das „Problemsystem" eingebunden oder verstrickt ist. Ich möchte die Möglichkeit, dass ein Problemträger als Berater erfolgreich fungieren kann, nicht ganz ausschließen, aber nach meiner Meinung müsste er dann in der Lage sein, diese besondere Konstellation zu Beginn des Gespräches hinreichend transparent zu machen und sich danach von jedem einzelnen der Teilnehmer ganz explizit den Auftrag zur Beratung einzuholen. Ein solches Gespräch erfordert besondere Sensibilität und die Kompetenz, jederzeit zur Verhandlung über den Auftrag zurückkehren zu können.

Aber auch im klassischen Setting, der Berater und die Klienten kennen sich nicht aus anderen Kontexten, wird am Beginn eines Beratungsprozesses wohl immer eine Auftragsklärung stehen. Der Berater erläutert seine Arbeitsweise, beantwortet eventuelle Fragen und fragt die Klienten, was diese von ihm erwarten.

Fragen zur Auftragsklärung können sein:

„Was wäre für Sie ein gutes Ergebnis unseres heutigen Gespräches?"

„Was erwarten Sie konkret von mir?"

„Wieso kommen Sie gerade zu mir?"

„Was ist der Auslöser, dass Sie gerade heute kommen?"

„Nehmen wir an, der Beratungsprozess geht zu Ende, was sollte dann anders sein als jetzt?"

„Was wären für Sie Anzeichen einer positiven Entwicklung?"

„Inwieweit erwarten alle dasselbe von mir oder gibt es eventuell unterschiedliche Ziele?"

„Welchen Wunsch haben Sie für das heutige Gespräch?"

Nachdenklichkeit erzeugen

Ein Beratungsgespräch erfüllt nach meiner Auffassung seinen Zweck umso besser, je mehr die Klienten ins Nachdenken kommen und nicht der Berater. Für mich ist dies immer ein Zeichen dafür, dass sie dabei sind, neue Möglichkeiten zu konstruieren oder neue Unterscheidungen zu erzeugen. Man könnte – wiederum als Faustformel – sagen, dass man ein gelingendes Gespräch daran erkennen kann, dass die Klienten mehr nachdenken als der Berater. Mit aus diesem Grunde bemühe ich mich, Fragen zu vermeiden, die mit „Ja" oder „Nein" beantwortet werden können. Solche Entweder-Oder-Fragen bringen den Berater schnell in Zugzwang, und sie verhindern die Entwicklung von Lösungsperspektiven. Beginne ich die Frage dagegen mit „Inwieweit ...?" oder „Inwiefern...?", sind die Klienten aufgefordert, eine relative Antwort zu geben, die zusätzliche Denkspiele ermöglicht.

Beispiel für eine Ja-Nein-Frage

Berater: Kümmert sich Ihr Partner auch um die Kinder!
Mutter: Überhaupt nicht!
Berater: Wie? Überhaupt nicht?
Mutter: Nein!
Wenn der Berater jetzt insistiert und sagt: „Aber wenigstens ein ganz kleines Prozent müsste er sich doch kümmern, denken Sie bitte einmal genau nach!", sagt er der Mutter auf der Beziehungsebene: „Ich glaube Ihnen nicht!" und schon ist ihre Kooperation in Frage gestellt.

Beispiel für eine „Inwieweit-Frage"

Berater: Inwieweit kümmert sich Ihr Partner denn um die Kinder?
Mutter: Fast gar nicht!
Berater: Also wie viel Prozent „kümmern" würden Sie ihm denn geben?
Mutter: Höchstens zwei!
Berater: Und woran erkennen Sie die zwei Prozent?
Mutter: Na ja, er holt schon mal die Kinder von der Schule ab oder macht ihnen das Mittagessen warm.
Berater: Nehmen wir einfach mal an, er würde sich von zwei auf vier Prozent verbessern, was müsste er dafür tun?
Mutter: Na ja, er könnte abends mithelfen, die Kinder ins Bett zu bringen.
Berater: Nehmen wir mal an, Sie würden ihm das so sagen, wie mir jetzt gerade, was glauben Sie, was dann passieren würde?

Denkbar wäre allerdings auch, dass die Mutter die Inwieweit-Frage absolut verneint:
Berater: Inwieweit kümmert sich Ihr Partner denn um die Kinder?

Mutter: Überhaupt nicht?

Berater: Wie? Sie würden sagen Null-Prozent?

Mutter: Ich würde sagen: Null-Prozent!

Berater: Inwieweit, glauben Sie, würde Ihr Partner auch Null-Prozent sagen? ... Wenn Sie einen Wunsch an Ihren Partner frei hätten, was würden Sie sich denn vom ihm wünschen? ... Glauben Sie, dass er das weiß?

Eine andere Frage, die ich als sehr hilfreich erlebe, ist die Frage: „Was noch?" oder „Fällt Ihnen noch mehr dazu ein?"

Häufig können Klienten eine Frage sofort und ohne nachdenken zu müssen beantworten, weil sie eine Antwort wissen. Wenn diese Antwort für sie keine neue Information bedeutet, war die Frage nicht hinreichend „angemessen ungewöhnlich". Wenn ich dann die Frage „Was noch?" (oder: „Fällt Ihnen noch mehr ein?", „Haben Sie noch eine weitere Idee?") nachschiebe, beginnen sie häufig, nach zusätzlichen möglichen Antworten zu suchen, die – sind sie ausgesprochen – implizites in explizites Wissen transformieren. Bei dieser Frage lohnt es sich häufig, hartnäckig zu bleiben, auch wenn die Klienten keine Antworten mehr finden. Es ist für den Beratungszweck völlig hinreichend, wenn sie die Frage mit nach Hause nehmen und später gedanklich weiterbearbeiten.

Beispiel

Eine Mutter hält eine lange Klage über ihre quirlige, äußerst lebhafte und anstrengende Tochter.

Berater: Was kann sie denn gut?

Mutter: (spontan) Oh, ich kann sie schon alleine einkaufen schicken, also da ist sie total zuverlässig!

Berater: Und was noch?

Mutter: Was noch? ... (Pause) Also lügen tut sie nicht. Wenn ich sie frage: Warst du das, und sie war das, dann sagt sie das auch.

Berater: Fällt Ihnen noch mehr ein?

Mutter: Ach so, ja, also vorgestern, da war ich krank, also Grippe und so, da hat sie ganz toll auf ihren kleinen

Bruder aufgepasst und sogar die Wohnung aufgeräumt ...

Berater: Wenn Ihr Mann hier wäre, was vermuten Sie, würde er sagen, was Ihre Tochter gut kann?

Raum geben für innere Dialoge

John Weakland schreibt: „Sprechen Sie erstens nie für Ihre Klienten, wenn diese das auch selbst könnten; und entscheiden Sie sich zweitens in Zweifelsfällen stets für Zurückhaltung und Schweigen" (1988, 39). Tom Andersen (mündliche Mitteilung) befürwortet eine Drittelung bei Beratungsgesprächen und schlägt vor:
- ein Drittel zuzuhören,
- ein Drittel zu sprechen und
- ein Drittel zu schweigen.

Wie lässt sich die große Bedeutung, die hier dem Schweigen zugemessen wird, erklären?

Nehmen wir an, Sie hören gerade einen interessanten Vortrag, der immer wieder Denkprozesse und eigene Überlegungen bei Ihnen auslöst. Jedes Mal müssen Sie in einer solchen Situation entscheiden, ob sie weiter dem Vortragenden zuhören wollen oder ihren eigenen Gedanken nachhängen. Tun Sie dies, verpassen Sie den Anschluss im Vortrag und verstehen bald nicht mehr den Zusammenhang, hören Sie weiter zu, sind Ihre eigenen Anknüpfungen bald wieder vergessen.

Die Phasen des Schweigens im Beratungsgespräch machen es möglich, seinen Gedanken nachzuhängen, auf seinen inneren Dialog zu hören, neue Antworten oder Spekulationen zu formulieren, ohne etwas Wichtiges zu verpassen. Möglicherweise haben wir auch nicht nur eine einzige Stimme in uns, sondern mehrere, vielleicht ein paar leise, die wir nur selten hören, vielleicht hören wir mehrere Meinungen und Möglichkeiten in uns, vielleicht müssen wir abwarten, wie unser inneres Parlament entscheiden wird.

Sehr häufig ist das, was nach einer Phase des Schweigens gesagt wird, von besonderer Wichtigkeit.

Zur „Redeordnung"

Wenn ich es als Berater mit mehreren Klienten (einem Problemsystem) zu tun habe, schlage ich zu Beginn folgendes Verfahren für das Gespräch vor, und ich hole mir auch von jedem einzelnen Teilnehmer dessen Einverständnis. (Ich kann dann notfalls während des Gespräches auf die eingangs getroffene Vereinbarung verweisen.)

Ich sage sinngemäß:

„Ich möchte vorschlagen, dass Sie bitte nur mit mir reden und nicht miteinander, das können Sie zu Hause und sonst überall tun. Ich glaube, dass es uns leichter fällt, über Lösungen nachzudenken, wenn immer nur einer spricht. Ich würde gerne jedem von Ihnen – sagen wir etwa zehn Minuten – Zeit einräumen in dieser Zeit kann der Betreffende alles das erzählen, was er erzählen möchte. Er muss nichts sagen, was er nicht sagen möchte. Und diejenigen, die (noch) nicht dran sind, können besser zuhören, weil sie nicht mit einer Hälfte ihrer Aufmerksamkeit an irgendwelchen möglichen Antworten feilen müssen. Sind Sie mit diesem Vorschlag einverstanden? Ich würde das Gespräch gerne mit der Person beginnen, die den Anstoß gegeben hat, der dazu geführt hat, dass wir alle jetzt hier sitzen."

An diese Person gewandt:

„Können Sie bitte noch einmal für alle sagen, wieso wir hier sitzen und was – aus Ihrer Sicht – das Thema sein soll?"

(Falls es – etwa in einem vorhergehenden Telefonat – bereits einen Informationsaustausch zwischen einem Mitglied des Klientensystems und dem Berater gegeben hat, ist es meines Erachtens zwingend notwendig, diese Daten für alle Anwesenden offenzulegen, um dem Verdacht einer verdeckten Fraktionsbildung entgegenzuwirken. Der Berater könnte in diesem Falle sagen:

„Wir beiden haben ja schon einmal wegen dieses Termins hier miteinander telefoniert und Sie haben mir dabei auch ein paar Informationen gegeben, worum es inhaltlich gehen soll. Ich würde gerne hier für alle Beteiligten einmal zusammenfassen, woran ich mich erinnere und würde Sie bitten mich zu ergänzen, falls ich etwas vergessen haben sollte, oder mich zu berichtigen, wenn Sie etwas anders gemeint haben, als ich es verstanden habe. Sind Sie damit soweit einverstanden?")

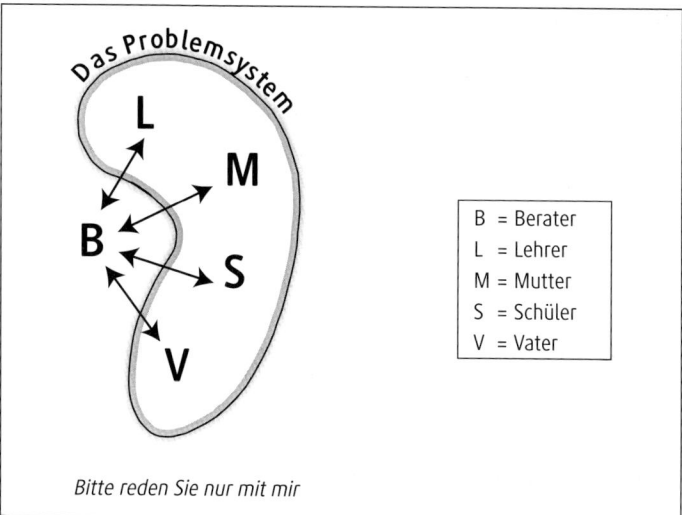

Das Problemsystem

B = Berater
L = Lehrer
M = Mutter
S = Schüler
V = Vater

Bitte reden Sie nur mit mir

Beispiel

Nehmen wir an, eine Klassenlehrerin an einer Schule für Erziehungshilfe hat in ihrer 9. Klasse einen Schüler, der mit seinen Aggressionen (auch auf Grund seiner körperlichen Überlegenheit) die anderen Schüler drangsaliert und der sich kaum auf unterrichtliche Prozesse einlässt, obwohl er sich immer wieder vornimmt, den Hauptschulabschluss schaffen zu wollen. Sie ist die Initiatorin des Beratungsgespräches, zu dem ich als externer Berater eingeladen bin. Teilnehmer sind weiterhin der Schüler und seine Eltern. Insgesamt höre ich in diesem Gespräch vier verschiedene Geschichten, die nur bedingt miteinander zusammenhängen, die aber dennoch eine Fülle von – wie ich annehme – relevanten Informationen für alle Beteiligten beinhalten.

Die Lehrerin erzählt, dass Felix gute Tage in der Schule habe, aber auch weniger gute. Insgesamt schätzt sie (auf einer Skala von 1–10), dass Felix sich nur zu 20 % auf unterrichtliche Dinge einlasse. Sie traut ihm aber auch zu, sich in den nächsten drei Monaten auf 50 % zu steigern, weil der Schulabschluss näher rücke und weil das Betriebspraktikum (in welchem er sich vorbildlich verhalten habe) ihm gezeigt habe, wie schwer es sein kann, „sich seine Brötchen zu verdienen". Sehr zu schaffen mache ihr, dass Felix immer wieder andere Schüler davon abhalte, lernen zu können, indem er sie provoziere ..., aber wenn sie zurückblicke, kann sie auch hier sehen, dass es besser geworden sei. Immer wieder gibt es Tage, da sehe sie schon an der Art, wie Felix den Klassenraum betrete, dass dies ein anstrengender Tag werden wird, „da kommt er den ganzen Tag nicht aus dem Knick". Sie wüsste gerne, was Felix tun könne, damit diese Tage seltener würden.

Der Vater berichtet von der Situation zu Hause. Mit Beginn der Gespräche habe sich das Verhältnis zwischen ihm und seinem Sohn in einem Ausmaß entspannt, das er nicht für möglich gehalten habe, und sein Wunsch ist es, diese neue Qualität zu erhalten. Bei den Problemen in der Schule ist er gerne bereit mitzuhelfen, indem er bei den Hausaufgaben hilft, aber insgesamt interessieren diese Probleme ihn nicht sonderlich, „schließlich ist der Felix ja nicht dumm" und außerdem war er selbst in seiner Pubertät ein wirklicher Problemfall, „da hätten Sie mich mal erleben sollen!"

Felix selbst ist sich sicher, „dass er seine Gewalt im Griff habe, schließlich wird man ja immer vernünftiger, je älter man werde, und er sei immerhin schon 15!" Für den Hauptschulabschluss hat er sich viel vorgenommen, aber die Impulse für Störungen kommen in seiner Wahrnehmung immer von den anderen Schülern. Seine schlechten Tage erklärt er damit, dass er in der Nacht zuvor schlecht geschlafen habe und schlecht schlafen würde er immer dann, wenn er am Abend zuvor zu viel Cola trinken würde.

Die Mutter erzählt schließlich von ihrer Angst, in den zahllosen Auseinandersetzungen zwischen ihrem Mann und ihrem Sohn zerrieben zu werden, „schließlich bin ich doch für beide da!" In ihrer Geschichte taucht auch eine Tochter auf, die das genaue Gegenteil ihres Bruders ist und auf die die Eltern sehr stolz sind.

Der unüberschätzbare Vorteil dieser Art von Gesprächen besteht für mich darin, dass die einzelnen Teilnehmer mir eine Geschichte erzählen können, die eigentlich für die Ohren der anderen Zuhörer bestimmt ist. Felix hört sich schweigend an, wie seine Lehrerin ihn in ihrer Erzählung beschreibt, wie sie ihn wahrnimmt, was sie ihm zutraut und was nicht, was sie enttäuscht und worauf sie hofft, welche Stärken sie bei ihm sieht und was sie sich von ihm wünschen würde. In einem Gespräch unter vier Augen – so es überhaupt zustande käme – wären die meisten dieser Themen wohl kaum zu verhandeln. Dies verweist unmittelbar auf externe Beratung. Je mehr eine Person in eine Geschichte (in ein Problem) involviert ist, desto weniger kann sie beraten. Aus diesem Grund sollte jeder Lehrer einen Kollegen als ganz persönliche Ressource benennen können, auf den er zurückgreifen kann, wenn er entsprechenden Bedarf hat. Und aus diesem Grunde brauchen Lehrer dringend eine verbesserte kommunikative Kompetenz und entsprechendes Wissen und Können in Bezug auf die Gestaltung von Beratungsprozessen.

Wie man einladen kann zur Kooperation

An einem Beispiel möchte ich deutlich machen, wie ein – in diesem Falle externer – Berater die anderen Gesprächsteilnehmer einladen kann zu einem hilfreichen und kooperativen Gedankenaustausch. Teilnehmer dieses Gespräches sind in diesem Falle (neben dem Berater) der Klassenlehrer, der mit einem Schüler seiner Klasse (7. Schuljahr), den er als unmotiviert, leistungsschwach („Er könnte, wenn er nur wollte!") und sehr schulmüde erlebt, nicht mehr weiter weiß, der Schüler und seine Eltern.

Initiiert wurde die Einladung des externen Beraters durch den Klassenlehrer. Der Berater kennt weder die anderen beteiligten Personen noch weiß er Genaueres über das „Problem" bzw. die „Probleme".

Zu Beginn sagt der Berater zu den anderen sinngemäß Folgendes:

„Bevor wir anfangen, möchte ich gerne eine Vermutung darüber äußern, was *das Ziel des Klassenlehrers* in Bezug auf dich als Schüler ist, und meine Spekulation heißt: Der Klassenlehrer möchte, dass du diese Schule erfolgreich abschließt und dass du hier an dieser Schule ein Abschlusszeugnis bekommst mit möglichst guten Noten, weil er genau weiß, dass dies von zentraler Bedeutung ist für deinen späteren Arbeitsplatz oder deine Berufsausbildung. Das ist, so vermute ich, das Ziel des Klassenlehrers.

Wenn ich jetzt weiter überlege, welches *Ziel als Eltern* Sie für Ihren Sohn hier in der Schule im Kopf haben, dann nehme ich an, dass auch Sie sehr daran interessiert sind, dass Ihr Sohn, wenn er diese Schule verlässt, ein möglichst gutes Zeugnis in der Tasche hat, weil auch Sie wissen, wie die Chancen auf dem Arbeitsmarkt aussehen. Das heißt für mich: Sie verfolgen dasselbe Ziel wie der Lehrer.

Und wenn ich jetzt sage, wie *dein Ziel als Schüler* aussieht, dann bin ich davon überzeugt, dass auch du weißt, dass du ein Abschlusszeugnis brauchst, mit möglichst guten Noten, weil dies der einzige Weg ist zu einem Arbeitsplatz, der dir Spaß macht – auch wenn es dir manchmal schwer fallen mag, dieses Ziel immer im Auge zu behalten.

Dies bedeutet doch nichts anderes, als dass alle die, die jetzt hier sitzen, dasselbe Ziel verfolgen.

Was der beste Weg ist, um dieses Ziel zu erreichen oder ihm möglichst nahe zu kommen, das weiß ich auch nicht, aber ich weiß genau, dass man dieses Ziel um so weniger erreichen wird, je unterschiedlicher die Wege sind, die die einzelnen Beteiligten gehen.

Und genau deswegen sitzen wir hier – nach meinem Verständnis. Wir wollen gemeinsam darüber nachdenken, inwieweit es möglich ist, sich auf einen gemeinsamen Weg zu verständigen, mit dem alle einverstanden sind, und – vielleicht auch – wie die ersten Schritte genau aussehen können. Sind Sie (und bist du) mit dieser Sichtweise einverstanden?"

Mit Hilfe einer solchen „Einladung", die alle Beteiligten *als Gleichberechtigte und als Partner* anspricht, die eine gemeinsame Verantwortung tragen, weil sie ein gemeinsames Ziel verfolgen und an einer gemeinsamen Lösung arbeiten, kann es gelingen, das folgende Gespräch zu öffnen für einen kooperativen Gedankenaustausch (vgl. Palmowski/ Freyling, 1997).

Das Geheimnis gelingender Kooperation besteht darin, den anderen gut aussehen zu lassen!

Dieser Gedanke beinhaltet für mich zwingend, dass man in Beratungsgesprächen nicht *über* den Schüler spricht, sondern *mit* dem Schüler, es ist nicht möglich, über jemanden zu kooperieren, sondern immer nur mit jemandem. Hierbei spielt das Alter nach meiner Erfahrung so gut wie keine Rolle.

4.3 Beispiele für angemessen ungewöhnliche Fragen

In diesem Abschnitt werde ich viele nützliche Fragen für systemische Beratungssituationen zusammenstellen und diese auch ein wenig klassifizieren. Aus Gründen der Übersichtlichkeit werde ich hier allerdings weitgehend darauf verzichten, theoretische Begründungen für einzelne Fragen oder Fragearten beizufügen. Diese finden sich dann im anschließenden Kapitel.

Prinzipiell lassen sich die Fragen einteilen in diejenigen, die sich auf den Inhalt beziehen, den die Klienten anbieten, und in die Fragen, die sich auf das Gespräch selbst beziehen, Fragen metakommunikativer Art (Prozessfragen).

Ein wesentlicher Teil der Fragen in einem systemischen Interview bezieht sich auf den Rahmen, in dem es stattfindet. Inhaltliche Fragen können erst und nur dann sinnvoll bearbeitet werden, wenn über die äußeren Modalitäten Einigung erzielt worden ist. „Es wäre nicht übertrieben zu sagen, dass der gesamte Therapieprozeß im wesentlichen eine fortwährende Vertragsverhandlung ist" (Efran, 1992, 183).

Themen bzw. Fragen, mit denen über Sinn, Zweck, Ziele und Rollenverteilung des Beratungsprozesses gesprochen wird, können etwa sein:

Zur Eröffnung des Gespräches

Was ist in diesem Moment das Thema, über das wir reden sollen? Gibt es noch weitere Themen? Kommen alle mit demselben Thema? Für wen ist das Thema am bedeutsamsten?

71

Mit welcher Erwartung und mit welchem Ziel sind Sie hierher gekommen?

Warum findet das Gespräch gerade jetzt statt? Was ist im Moment anders als sonst?

Wenn Klienten zu Gesprächsbeginn skeptisch sind: Haben Sie mit dieser Art, ein Gespräch zu führen, schon einmal schlechte Erfahrungen gemacht? Jeder sollte sagen können, wenn er genug gehört hat!

„Welches Interesse haben die Anwesenden an diesem Treffen? Wer hatte als erster die Idee zu diesem Treffen? Mit wem hat die Person zuerst über den Einfall geredet? Mit wem als zweites? Wer wurde darüber informiert? Wer fand die Idee gut? Wer hatte Vorbehalte? Lehnte jemand sie ab? Wer von den Anwesenden fand sie am besten? Wer hatte die größten Vorbehalte? Wenn die Person, die dieses Treffen vorschlug, das nicht getan hätte, hätte es jemand anderes getan? Wer wäre das gewesen?" (Andersen, 1990, 60 f.).

Fragen und Hinweise zum Gespräch

Niemand muss etwas sagen, was er nicht sagen möchte!

Jeder kann alles das sagen, was er sagen möchte, und die anderen hören nur zu!

An ein Kind gerichtet: Hier sind so viele Erwachsene, und du weißt noch gar nicht genau, was passieren wird. Möchtest du vielleicht erst einmal nur zuhören? Und kann ich dich nachher noch einmal fragen, ob ich dich etwas fragen kann? Bist du damit einverstanden?

Wie können wir das Gespräch so organisieren, dass sich alle Beteiligten möglichst wohl fühlen?

Wenn ich eine Frage stelle, die Sie lieber nicht beantworten möchten, dann sagen Sie mir das, ich ziehe meine Frage dann sofort zurück!

Wäre jemand lieber nicht mitgekommen?

Haben Sie eine Idee, was hier passieren muss, damit Sie hinterher sagen können, es hat sich doch gelohnt?

Verflüssigen

Veränderungen können unter anderem dadurch eintreten, dass statische und anscheinend unverrückbare Überzeugungen und Zuschreibungen umformuliert werden in relative Aussagen. Feste, polarisierende Positionen werden verflüssigt. Ich habe schon darauf hingewiesen, dass Klienten dazu neigen, ihre Geschichte eher statisch und ihr Problem als unlösbar zu beschreiben. Darüber hinaus scheint es mir aber auch ein sehr beliebtes Denkmuster in unserer Kultur, Sachverhalte in absoluten Formulierungen zu denken und mitzuteilen. Wir sind überwiegend darin geübt, binär (entweder – oder) zu denken. Dabei erzeugt diese Absolutheit einen erheblichen Teil des Problemgehaltes. Nehmen wir als Beispiel folgende Aussage:

„Monika kann sich überhaupt nicht konzentrieren!"

Mit diesem Satz können wir Komplexität auf massive Art und Weise reduzieren, denn selbstverständlich

- kann Monika sich dienstags besser konzentrieren als montags,
- arbeitet sie in der zweiten Stunde besser mit als in der ersten,
- macht sie lieber Mathematik als Deutsch,
- stört sie fast nie, wenn der Schulleiter unterrichtet,
- ...

Ein wenig überspitzt könnte man sagen, dass man im Grunde jeden beliebigen Sachverhalt in ein Problem transformieren kann, indem man ihn zuerst in die Sprachformel der binären Logik (entweder – oder) gießt und sich dann für die Negativvariante entscheidet. Also:

- Entweder: Mein Mann kümmert sich um unsere Kinder!
- Oder: Mein Mann kümmert sich überhaupt nicht um unsere Kinder!

So leicht kann es sein, Probleme zu konstruieren.

Zuschreibungen dieser Art haben viele negative Auswirkungen:

- Sie sind Teil eines Regelkreises, der sich selbst erhält und bestätigt: Eine bestimmte Annahme führt zu einer selektiven Wahrnehmung, die im Sinne einer self-fulfilling-prophecy wirkt. Man hatte Recht gehabt, die Annahme braucht nicht mehr hinterfragt zu werden.

- Sie produziert eine statische Sichtweise, Veränderung ist nicht impliziert und wird auch nicht erwartet. Der „Ausstieg" aus solchen Zuschreibungen ist dem Betroffenen sehr erschwert, manchmal unmöglich.
- Das Problem liegt in der Person. Situative Bedingungen und Beziehungen haben nur auslösende und eventuell verstärkende Funktion. Oft erleben die Betroffenen eine Eigenschaft (ängstlich, wütend, eifersüchtig, unordentlich, …), die andere ihnen oder sie selbst sich zuschreiben, als eine Kraft, der sie sich hilflos ausgesetzt fühlen, auf die sie keinen Einfluss haben. Also hat es auch kaum Sinn, Anstrengungen zur Veränderung zu unternehmen.

Durch *„Verflüssigen"* bekommt eine Zuschreibung relativierende und dynamische Komponenten. Sie erscheint veränderbar und man kann selbst Einfluss auf sie nehmen. Die folgenden Möglichkeiten des Verflüssigens zeigen, in welche Richtungen die Fragen führen können. Nehmen wir als Ausgangspunkt die oben genannte Aussage: Monika kann sich überhaupt nicht konzentrieren!

Eine Möglichkeit des Fragens besteht also darin, absolute Aussagen in relative Formulierungen zu übertragen:

Die zeitliche Perspektive
- War das schon immer so?
- Wie lange glaubst du, wird es noch so bleiben?
- Wie ist deine Prognose?
- Inwieweit gilt das für alle Stunden?
- Welche Unterschiede gibt es zwischen der ersten und der letzten Stunde/… montags und dienstags?
- Monika, wann glaubst du, kannst du besser aufpassen im Unterricht, in der ersten oder in der zweiten Stunde?
- Unterschied in der Frageformulierung: „Seit wann bist du so unkonzentriert?" versus: „Seit wann glaubst du, so unkonzentriert zu sein?"

Die räumliche Perspektive
- Inwieweit ist das auch zu Hause so?
- Wie war das auf der Klassenfahrt?
- Wo fällt es dir am leichtesten?

- Wieso ist es in der Pause anders?
- Gilt das für alle Fächer?
- Wie war es auf der anderen Schule?

Die Beziehungsperspektive
- Sind in der Klasse noch mehr Kinder, die nicht ...?
- Wenn Monika nicht da wäre, wer wäre dann ...? Wer dann ...? (Reihenfolge erstellen)
- Wie verhält sich Monika bei den anderen Kollegen?
- Mit wem kommt Monika am besten zurecht?
- Wer kommt mit Monika am besten zurecht? Was ist da anders?

Die skalierende Perspektive
- Wenn du Monikas Fähigkeit auf einer Skala von 1–100 (oder 1–10) eintragen solltest, wo würdest du sie zurzeit ansiedeln?
- Wenn sie sich auf der Skala um einen Punkt verbessern würde, woran genau würdest du das erkennen? Woran noch?
- Was müsste passieren, damit sie um einen Punkt klettern kann?

Die Bildung einer Skala von 1 (überhaupt nicht) bis 10 (sehr gut) kann viele Vorteile mit sich bringen:
- Auch Kinder verstehen dieses Instrumentarium.
- Die Quantifizierung lässt Unterschiede deutlich werden und erleichtert das Einführen von Unterscheidungen: „Was wäre dann anders?"
- Es bieten sich viele Anschlussfragen an: Nehmen wir an, du würdest dich um einen Punkt verbessern, woran genau könntest du das erkennen? Woran noch? Was wäre für dich ein akzeptables Ziel?

Die Wunder-Perspektive
- Wenn das Problem nicht mehr da wäre, was wäre dann anders? ... Was noch? Woran genau würdest du das erkennen? Was würdest du dann anders machen?
- Woran glaubst du, könnte Monika das erkennen? Was würde sie dann anders machen?
- Nehmen wir an, es würde besser, was würde dann schlechter?

Die positive Perspektive
+ Was kann sie gut?
+ Wo ist sie besser geworden?
+ Was wünschst du dir, solle sich bei Monika nicht ändern?

Was noch?
+ Haben Sie vielleicht noch eine andere Idee?
+ Fällt Ihnen dazu noch mehr ein?

Aus der Idee des Verflüssigens ergibt sich für mich auch die wichtige Schlussfolgerung, sehr sorgfältig darauf zu achten, keine Fragen zu stellen, die man mit „Ja" oder „Nein" beantworten kann, sondern diese besser mit „Inwieweit" oder „Inwiefern" zu beginnen, da durch diese Vorgabe die Klienten auch mit einer relativen Aussage reagieren werden (was möglicherweise schon eine erste Veränderung in ihrer Geschichte bedeuten kann).

Zirkuläres Fragen

Von einer Gruppe von Familientherapeuten in Mailand wurde in den Jahren 1975–1980 eine Fragetechnik entwickelt (Selvini-Palazzoli, 1977), die zu einem der bekanntesten Bausteine systemischer Interviews wurde: das Zirkuläre Fragen (vgl. Palmowski/Thöne, 1995).

Mit Hilfe dieser Frageform können Probleme aus einer linear-kausalen Sichtweise übertragen und eingebettet werden in den Kontext, in dem sie entstanden und in dem sie aufrechterhalten werden. Diese Art von Fragen scheint besonders gut geeignet zu sein, bei allen Beteiligten eines Gespräches neue Informationen zu erzeugen.

Was ist nun das Besondere, das „Zirkuläre", an diesen Fragen?

Beispiel

Wir stellen uns eine Situation vor, in der einer der Klienten seine Sicht des Problems geschildert hat. Anschließend fragt der Therapeut einen zweiten Teilnehmer:

„Wie sehen Sie das Problem?"
oder:
„Inwieweit können Sie dem zustimmen, was Ihr ... gesagt hat?"

Stellt der Berater die erstgenannte Frage, ist er möglicherweise der einzige, der neue Informationen erhält. Seinen Angehörigen und dem Redner ist seine Sicht des Problems aus vielen Gesprächen heraus wahrscheinlich sehr vertraut. Das heißt, dass diese Sequenz für die Klienten auch keine Veränderungsimpulse enthält, weil keine neuen Informationen in das System einfließen.

Bei der zweiten Frage macht derjenige, der sie beantwortet, zwei Aussagen: Zum einen geht er auf seine Sicht der Dinge ein. Zum anderen macht er eine Aussage über den Grad der Übereinstimmung zwischen ihm und seinem Vorredner, so wie er sie sieht. Dies kann in aller Regel als eine neue Information für alle Beteiligten (vielleicht sogar für den Redner selbst) gesehen werden.

„Also fragt man: ,Was hast du gesehen?', ,Was hast du erlebt?', ,Was hast du wahrgenommen?' usw., nicht: ,Was ist los?', ,Wie passiert es?'" (Andersen, 1990, 66).

In vielen Beratungsgesprächen wird entweder linear nach Daten, Sachverhalten, Begebenheiten etc. gefragt (Wie hoch war das Fieber? Wie oft ist das Bett morgens nass? etc.) oder es wird – ebenfalls linear – metakommunikativ die Beziehungsebene der Beteiligten thematisiert (Wie haben Sie das gemeint? Was wollen Sie damit sagen?).

In einer zirkulären Frage sind Sach- und Beziehungsaspekt explizit angesprochen und aufeinander bezogen, so dass bei Antworten auch immer beides enthalten ist. Damit ergeben sich für alle Beteiligten dauernd neue Informationen, die wieder zu neuen Fragen führen, die wieder zu neuen Informationen führen, die wieder ... und so fort.

Mit Hilfe zirkulärer Fragen wird weniger das Thema der Klienten in den Mittelpunkt gestellt, sondern die Meinungen der Beteiligten zum Thema!

Ich werde im Folgenden das „zirkuläre Fragen" zunächst veranschaulichen durch das Umformulieren einiger Fragen aus dem Abschnitt „Verflüssigen" in zirkuläre Fragen (1), anschließend eine Reihe typischer zirkulärer Fragen auflisten (2) und danach die Vorteile, die in dieser Frageform liegen, stichwortartig benennen (3).

Zu 1:

„Monika, was glaubst du, woran deine Lehrerin erkennen könnte, dass es besser geworden ist?"

„Glauben Sie, dass Monika sich nicht vorstellen kann, dass es anders oder besser werden könnte?"

„Was nehmen Sie denn an, wieso Monika sich beim Spielen mit dem Game-Boy unglaublich konzentriert zeigen kann?"

„Wie, glauben Sie, wird Monika von ihren Klassenkameraden erlebt? Von allen?"

„Wenn Monikas Eltern jetzt hier wären, und sie könnten einen Kommentar sagen zu dem, was sie gehört haben, was vermuten Sie, würden die sagen?"

Zu 2:

„… die klassischen zirkulären Fragen der Mailänder Methode:

1. Wer steht wem am nächsten?
2. Wie hat sich die Beziehung zwischen Mutter und Vater geändert, seit der Patient sich entschlossen hat, schizophren zu werden?
3. Welche Veränderungen erwarten Sie, falls Sie sich für eine Genesung entscheiden?
4. Wer würde davon mehr aus dem Gleichgewicht gebracht?
5. Was würde geschehen, wenn Ihre Schwester Ihre Position einnehmen würde?" (Cecchin, 1993, 97 f.).

Die folgenden Beispiele stammen weitgehend aus einem Aufsatz von Peggy Penn (1983) über zirkuläres Fragen:

Vater: „Wegen ihrer Krankheit hat Mutter Schuldgefühle." … Therapeut: „Wer macht sich am meisten Sorgen, wenn Mutter Schuldgefühle hat?"

Mutter: „In dieser Familie redet niemand miteinander." … Therapeut: „Wer in der Familie redet am wenigsten mit den anderen?"

Ehefrau: „Wir haben kein Sexualleben." … Therapeut: „Wer macht sich die meisten Sorgen um das Sexualleben?" (alle ebd., 207).

Frage nach Konditionen

• „Wer regt sich auf, wenn … (…)?
• Wer fühlt sich hilflos, wenn … (…)?
• Wer merkt zuerst, wenn … (…)?" (ebd., 208).

Klassifikationsfragen

- „Haben Sie sich in diesem Monat mehr als Tochter oder mehr als Ehefrau gefühlt?"
- „Wer war am meisten mit Ihrer früheren Therapie unzufrieden, wer kam dann etc.?" (ebd., 210).

Übereinstimmungsfragen

- „Wer in der Familie teilt deine Ansicht, dass deine Mutter und dein Bruder sich näher als alle anderen sind?" (ebd., 210).
- „Ich bemerke einen hohen Grad an Übereinstimmung bei euch! Ihr seid offensichtlich einer Meinung! Gibt es auch Unterschiede?"
- „Ja!" – „Welche?"
- „Nein!" – „Wie erklärt ihr euch das?"

Subsystem-Vergleiche

- „Wie würden deine Eltern ohne dich zurechtkommen?"
- „Wer von euch beiden bleibt immer zu Hause bei den Eltern?"
- „Wäre es besser für Sie und Ihren Mann, wenn Joan nicht da wäre?" (ebd., 211).

Erklärungsfragen

„Wie erklären Sie sich, dass ausgerechnet die Großmutter es als erste merkt, wenn die Mutter depressiv ist?" (ebd., 211).

Als weiteres Beispiel ein Gespräch zwischen dem Therapeuten und einem Kind über die in der Familie lebenden Großeltern väterlicherseits.

„Sohn: Wir wohnen mit den Großeltern zusammen, und die sind ewige Nörgler.

Therapeut: Was tun sie denn, damit sie zu Nörglern werden?

Sohn: Sie mischen sich ständig ein und sagen den Eltern, was sie mit uns machen sollen.

Therapeut: Wer mischt sich mehr ein, deine Großmutter oder der Großvater?

Sohn: Der Opa.

Therapeut: Bei wem mischt er sich mehr ein, bei deiner Mutter oder bei deinem Vater?

Sohn: Bei meinem Vater.

Therapeut: Und wen irritiert es mehr, wenn sich der Großvater ein-
mischt, deine Mutter oder deinen Vater?

Sohn: Ach, die Mami natürlich! Sie will dann, dass der Papi es ihm
verbietet ..." (Selvini-Palazzoli u. a., 1977, 134).

Gedankenlesende Fragen

In einem sehr viel engeren Verständnis wird der Begriff des „Zirkulären
Fragens" auch für das verwandt, was „die Mailänder" selbst als „Ge-
dankenlesende Fragen" bezeichnen. Damit sind solche Fragen gemeint,
in denen ein Teilnehmer eines Gespräches gefragt wird, was er wohl
meine, was ein anderer Teilnehmer denken oder sagen würde, wenn er
gefragt würde.

Frage des Therapeuten an den Vater: „Wenn ich Ihrer Frau diese Frage stelle, wird sie Ihnen zustimmen, oder wird sie glauben, dass es noch
andere Probleme gibt?" (Boscolo, 1988, 139).

„Ich frage mich, Karin, warum weint Ihre Mutter jetzt?" (Deissler,
1988, 351).

„Wenn Ihr Mann jetzt hier wäre, und wir könnten ihn fragen, was
würde er Ihrer Ansicht nach wohl dazu sagen?"

„Robert, was glaubst du, wie sich dein Lehrer dein problematisches
Verhalten erklärt?"

An den Klassenlehrer gerichtet: „Was glauben Sie, warum Robert so
oft zu spät kommt? ... Was meinen Sie, würde Robert zu dieser Antwort
sagen?".

Fragen dieser Art bringen oft viele neue Informationen und Perspektiven: „Die Frau hört zu, was ihr Mann darüber denkt, was sie denkt"
(Boscolo, 1988, 140).

Zu 3:
Nützliche Aspekte zirkulärer Fragen
• Jede Beantwortung einer solchen Frage schafft Informationen für
  alle Beteiligten, auch für denjenigen, der antwortet.
• Weiterhin lassen solche Fragen keine stereotypen Antworten zu,
  sondern lassen die Gesprächspartner erst einmal innehalten und
  nachdenken.

- Die Fragetechnik lässt es zu, auch gewichtige Fragen stellen zu können, ohne auf die sonst oft übliche Zurückhaltung oder Reserviertheit zu stoßen, da es ja „nicht um objektive Fakten", sondern „nur" um die Meinung der anderen geht.
- Unabhängig von den Antworten erhöht diese Fragetechnik die Sensibilität für die Prozesse innerhalb des Systems – häufig wird den Beteiligten deutlich, dass es mehr als nur eine Wahrheit gibt.

Spekulative Fragen

Spekulative Fragen findet man in fast allen Protokollen von Beratungsgesprächen. Es sind die Fragen, die mit *„Nehmen wir einfach mal an ..."* beginnen und die den Klienten die Möglichkeit anbieten, sich Gedanken zu machen über Alternativen zu ihrer bisherigen Wirklichkeit.

- „Nehmen wir einfach mal an, dieser Schüler wäre nicht in ihrer Klasse, was, glauben Sie, wäre dann anders!"
- „Nehmen wir mal an, der Schulleiter hätte bis jetzt zuhören können und wir bäten ihn um einen Kommentar, was, glauben Sie, würde er sagen?"
- „Sie haben da eine Erklärung, die für Sie sehr plausibel und sonnenklar ist, aber nehmen wir einfach mal an, Sie hätten noch eine andere, zweite Erklärung, wie könnte die aussehen?
- „Nehmen wir mal an, es käme genau so, wie Sie es sich vorstellen – was, glauben Sie denn, käme danach?"

Diese Form zu fragen bietet zumindest zwei große Vorteile. Der erste ist schon genannt worden: Man kann an Lösungen arbeiten durch das Spekulieren über Möglichkeiten.

So fragt ein Freund von mir, wenn er mit Kindern arbeitet:
- Nehmen wir einfach mal an, der schlaue Asterix (oder Schwarzenegger, Zorro, dein Kuscheltier, Gandalf,...) würde dir einen guten Rat geben. Was glaubst du denn, was Asterix dir raten würde, was du tun könntest?

Den zweiten Vorteil sehe ich darin, dass durch spekulative Fragen ein Raum geschaffen wird, in dem man sicher sein kann vor irgendwelchen

Sanktionen oder Bewertungen. Man redet ja nicht über Dinge, die sich wirklich ereignet haben, sondern darüber, was sein könnte, was vorstellbar wäre! Also kann man sich auch trauen, Gedanken zu äußern, die als Formulierung mit Wirklichkeitsanspruch zu brisant erscheinen. Die Spekulation bietet sozusagen einen geschützten Raum.

Berater: „Was glauben Sie, geht jetzt in diesem Moment Ihrem Sohn durch den Kopf?"

Klient: „Das weiß ich nicht!"

Berater: „Spekulieren Sie doch mal einfach!"

Klient: „Also ich glaube, dass ..."

Das Angebot zu spekulieren bietet sich häufig gerade da an, wo Klienten mit „Weiß ich nicht!" antworten. Ob sie ihren Spekulationen (irgendwann) Bedeutung für ihre Wirklichkeit beimessen werden, liegt dabei ganz bei ihnen.

Viele Berater stellen häufig Fragen im Konjunktiv, auch dadurch erzeugt man eine die Antworten relativierende Funktion.

Also nicht: Was sagen Sie denn dazu?

Sondern: Was würden Sie denn dazu sagen? Inwieweit würden Sie Ihrer Frau denn zustimmen? Glauben Sie, dass man sagen könnte ...?

Ihre theoretische Begründung lässt sich aus der konstruktivistischen Erkenntnistheorie leicht ableiten.

Lösungsorientiertes Fragen

Eine weit verbreitete subjektive Alltagstheorie besagt, dass man ein gegenwärtiges Problem nur dadurch lösen könne, indem man seine in der Vergangenheit liegende Ursache aufspüre. Insofern beschäftigen sich nach wie vor viele Menschen, die ein als Problem definiertes Thema mit sich herumtragen, mit der retrospektiven Durchforstung ihrer Geschichte auf der Suche nach Lösungen.

Lösungen liegen aber immer in der Zukunft!

Daraus ergibt sich die Konsequenz, dass man für das Finden möglicher Lösungen nicht unbedingt viel über das Problem wissen muss. Steve de Shazer hat hierfür die Metapher vom Schloss und vom Schlüssel erfunden: Wenn ich eine verschlossene Tür öffnen will, brauche ich einen Schlüssel, aber keine Fachkenntnisse über die Bauweisen und Funktionsmechanismen von Schlössern. Deshalb beschäftigen sich viele systemische Berater eher mit dem Schlüssel (der Zukunft und der darin befindlichen Lösung) als mit dem Schloss (dem Problem und seiner vermuteten Entstehungsgeschichte). Das ist nicht nur erfolgversprechender, sondern macht das Gespräch meistens auch einfacher und leichter.

„Die Klagen, mit denen Klienten zum Therapeuten kommen, sind wie Türschlösser, hinter denen ein befriedigenderes Leben wartet. Die Klienten haben alles versucht, was ihnen vernünftig, richtig und gut erschien, und was sie unternommen haben, basierte auf ihrer unbezweifelten Realität, aber die Tür ist noch immer verschlossen; sie halten ihre Situation also für jenseits jeder Lösungsmöglichkeit. Häufig hat dieser Schluß immer weitergehende Bemühungen zur Folge: Nun versuchen sie herauszufinden, warum das Türschloss so und nicht anders beschaffen ist oder warum es sich nicht öffnen lässt. Dabei dürfte es doch klar sein, dass man zu Lösungen mit Hilfe eines Schlüssels und nicht mit Hilfe des Schlosses gelangt, und die sogenannten Dietriche (aller Art) passen zu vielen verschiedenen Schlössern" (de Shazer, 1999, 12 f.).

Lösungsorientierte Berater wenden beispielsweise ihre Aufmerksamkeit den Ausnahmen und den Situationen zu, für die der Klient schon selbst eine Lösung gefunden hat bzw. in denen das, was er als Problem bezeichnet, nicht aktuell ist:

- An welchen Tagen, in welchen Situationen ist der Umgang mit Ihrem Sohn konfliktfrei?
- Wann kommen Sie gut miteinander aus?
- Was – vermuten Sie – ist in diesen Situationen anders?
- Was machen Sie in diesen Situationen anders?
- Was meinen Sie, ist in diesen Situationen hilfreich für Sie?
- Wenn der Klient sich keine Ausnahmen vorstellen kann („Wir streiten immer, etwas anderes als Streit kenne ich gar nicht!"), kann der Berater etwa fragen: Sie befinden sich also ununterbrochen in einer

Auseinandersetzung? Den ganzen Tag lang und immer gleich stark – ohne den geringsten Unterschied?
- Wie war es früher? Oder gibt es doch Ausnahmen?
- Bitte achten Sie bis zum nächsten Gespräch auf Dinge oder Ereignisse, von denen Sie sich wünschen, dass sie sich auch weiterhin ereignen sollen!

Fragen, die sich auf vergangene Erfolge beziehen:
- Es ist nicht leicht, eine so große Klasse allein zu unterrichten, wie haben Sie das geschafft?
- Die Bedingungen, unter denen Sie hier arbeiten müssen, sind alles andere als rosig, woher nehmen Sie die Kraft, hier durchzuhalten?
- Wie haben Sie das gemacht, dass Ihre Schüler so viel Vertrauen in Sie setzen?
- Ich staune über Ihre Zivilcourage, wie haben Sie das bei Ihrer Schulleitung durchgesetzt?
- „Wie kommt es, dass Ihre Lage nicht schlimmer ist?" (Berg, 1992, 84).

Alle diese Fragen lassen sich sinngemäß auch auf die Situation des Schülers oder der Eltern übertragen.
- Manchmal ist es sehr anstrengend hier, wie schaffst du das, jeden Morgen neu dich ins Gewühl zu stürzen?
- „Es ist nicht leicht, drei Kinder allein großzuziehen. Wie haben Sie das gemacht?" (Berg, 1992, 84).

Fragen, die sich auf Ausnahmen beziehen:
- In welchen Situationen haben Sie dieses Problem nicht? Was ist dann anders? … Was noch?
- Was muss passieren, damit dieses Problem nicht auftritt? Wie erklären Sie sich das?
- Was haben Sie in diesen Situationen als hilfreich oder nützlich erlebt?
- Was machen Sie anders, wenn dieses Problem nicht auftritt? … Was noch?

Die Wunder-Frage:
Diese Frage ist lösungs- und zukunftsorientiert, sie konstruiert eine angenommene, erwünschte, problemlose Zukunftsperspektive, aus der sich durch immer konkreter werdendes Nachfragen (Woran genau könnten Sie erkennen, dass ...) Lösungen bzw. erste Lösungsschritte herauskristallisieren können.

„Die Frage lautet folgendermaßen: ‚Angenommen, es würde eines Nachts, während Sie schlafen, ein Wunder geschehen und das Problem ... ist gelöst. Da Sie schlafen, merken Sie nicht, dass ein Wunder geschehen und Ihr Problem verschwunden ist. Was glauben Sie, werden Sie am nächsten Morgen anders wahrnehmen, das Ihnen sagt, dass ein Wunder geschehen ist?'" (Berg, 1992, 93).

Globale und unspezifische Antworten könnten dann durch entsprechendes Nachfragen zu immer präziseren Vorstellungen führen.

Beispiele

„Was müssten Sie machen, um so zu tun, als sei das Wunder geschehen? Noch etwas anderes? Was sonst noch?

Wenn Sie das machen würden, was wäre die erste Veränderung, die Sie an sich feststellen würden?

Wer wäre die erste Person, der am nächsten Tag auffallen würde, dass sich nach dem Wunder etwas mit Ihnen gewandelt hat?" (Berg, 1992, 94).

Wann- und Wenn-Fragen:
Wann- und Wenn-Fragen, wobei das „wenn" sich auf die zeitliche Dimension bezieht, sind insofern lösungsorientiert, als sie implizit *Veränderung unterstellen* und eigentlich nur offen lassen, wann das der Fall sein wird.

- Wann wirst du dich entscheiden, wieder mitarbeiten zu wollen?
- Wenn es Ihnen wieder besser geht, was werden Sie dann anders machen?
- Wenn dieses Problem gelöst sein wird, ...?
- Wenn Sie es schaffen, der Einladung zu einem Wutanfall nicht zu folgen, was werden Sie dann anders gemacht haben?

- Wenn du die Arbeit erledigst, was könnte dazu beitragen, es zu tun?
- Wenn in der Klasse wieder eine bessere Arbeitsatmosphäre herrscht, was ...?

Zukunftsorientiertes Fragen

Peggy Penn (1986) hat auf die Bedeutung von Fragen hingewiesen, die sich auf diese Zukunft beziehen. Bei dieser Art zu fragen verläuft der Gesprächsbogen von der Gegenwart in die Zukunft. Die Klienten werden über ihre Ideen zum Stand des Problems (und seiner eventuellen Veränderung) in der vor ihnen liegenden Zeit befragt. (Die Nähe zu spekulativen Fragen ist hier offensichtlich.)

Im Folgenden will ich einige beispielhafte Fragen vor allem aus dem genannten Beitrag von Penn wiedergeben und danach auf die Vorteile hinweisen, die sich durch Zukunftsfragen ergeben können.

Beispiele

„Angenommen, Deine Eltern würden sich scheiden lassen, bei wem würdest Du dann wohnen wollen?" (ebd., 207).

„Was würde werden, *wenn* ... ?" (S. 208).

„Seit wann haben Sie diese Erklärung für Ihr Problem?" anschließend „Wann werden Sie eine andere Erklärung dafür haben?" (S. 209 f.).

„Ich verstehe, dass Sie das heute so sehen, aber wer von Ihnen wird morgen anders darüber denken?" (ebd., 210).

„Wer wird wohl in Zukunft das schönere Leben haben?" (ebd., 221).

„Nun, angenommen es gäbe in der Zukunft einen Machtkampf zwischen Ihnen, würden Sie sich eher darüber streiten, wem es besser geht, oder darüber, wem es schlechter geht?" (ebd., 221).

„Wie glauben Sie, wird die Situation in drei Monaten aussehen?" – „Einiges wird anders sein!" – „Was wird anders sein? – „Wie erklären Sie sich das?" – oder: „Es wird genauso sein wie

heute?" – „Wie erklären Sie das, dass Sie glauben, dass nichts sich ändern wird?"
„Wann wirst du dich entscheiden, wieder mitzuarbeiten? ... Wann wird es wieder besser werden? ... Was wird dir dabei helfen, es zu schaffen? ... Was noch?"
„Was wird anders sein (oder: Was wird besser sein), wenn ...?"
„Wann habt ihr beschlossen, es als ein Problem zu betrachten? Wann werdet ihr euch entscheiden, es anders zu sehen?"
„Welche Probleme würden auftauchen, wenn Sie es auf diese statt auf jene Art machten?" (Andersen, 1990, 70).

Vorteile:

* Zukunftsfragen geben Raum für Spekulationen und Konstruktionen neuer Möglichkeiten. „Da die Pläne für die Zukunft noch nicht erstellt sind, sind die Familienmitglieder frei, sich völlig neue Handlungsalternativen für ihr Dilemma auszudenken" (Penn, 1986, 206). Da es um Lösungen geht, sollte darüber gesprochen werden, was besser sein wird als heute.

* Der Entwurf einer besseren zukünftigen Situation wirkt zurück auf die gegenwärtige Problemlage. „Eine Zukunftsfrage ist die hypothetische Möglichkeit, in das System auf eine so neue Art und Weise zu intervenieren, dass sich zwangsläufig die gegenwärtige Situationsbedeutung verändert; denn durch jede neue Sichtweise werden bereits aufeinander abgestimmte Muster wieder modifiziert" (Penn, 1986, 216).

* Die möglichst präzise und konkrete Beschreibung einer zukünftigen Situation hat die Funktion einer Folie, die auf die gegenwärtige Lage aufgelegt werden kann und die so die Diskrepanzen zwischen der Ist-Situation und dem Soll-Zustand unmittelbar verdeutlichen. Daraus wiederum ergeben sich Hinweise auf die nächsten Schritte auf dem Weg von der Ausgangssituation zur Zielformulierung.

* Wenn Personen zukünftige Entwicklungen zum Besseren hin erörtern, dann wird auch (implizit) die Fähigkeit angesprochen, Einfluss nehmen zu können auf das eigene Schicksal. Die eigenen Gestaltungskräfte und die eigene Verantwortung für das, was passiert, rücken ins Blickfeld.

Tom Andersen weist auf die Möglichkeit hin, dass solche Fragen über die Zukunft zurückgewiesen werden können, weil eine Person beispielsweise der Meinung ist, selbst keinen Einfluss zu haben. Für eine solche Situation schlägt er vor, über die Frage zu diskutieren, inwieweit die Klienten die Zukunft für selbstbestimmt oder vorherbestimmt halten. „In welchem Ausmaß ist sie vorherbestimmt? Völlig, oder gibt es eine kleine Anknüpfung für etwas, das von Ihnen bestimmt werden kann?" „Ist es vom Schicksal vorherbestimmt, einer Macht etc.?" „Wird das immer so sein?" „Falls es sich ändert, wann wird das am ehesten eintreten?" „Falls es nicht eintritt, wer ist damit am zufriedensten?" „Wer wird am längsten brauchen, bevor er es akzeptieren kann?" (Andersen, 1990, 71).

Zukunftsfragen machen auch deutlich, dass der Fragende zuversichtlich ist, dass der Gefragte seine Kräfte einsetzen wird für positive Veränderungen. Eine Frage wie: „Wann glaubst du, wirst du wieder besser mitarbeiten können?" zeigt dem Schüler zum einen, dass man ihn ernst nimmt, auf seine Eigenverantwortung für sich selbst setzt und mit ihm kooperieren möchte. Zum anderen, dass man ihm die Kompetenz zutraut, positive Schritte zu gehen oder einzuleiten.

Zielorientierte Fragen

Im Abschnitt 3.1 habe ich bereits darauf hingewiesen, dass Lern- und Veränderungsprozesse – und Beratung intendiert ja auch Veränderung – ein möglichst klar und explizit ausgehandeltes Ziel brauchen. „Es ist immer wieder verblüffend, mitzuerleben, wie viele Konflikte und psycho-soziale Probleme hinfällig werden und wie sehr die Motivation zur Kooperation steigt, wenn es gelingt, die Aufgaben zu klären und eine verbindliche, zielorientierte Perspektive zu entwickeln" (Passavant, 1993, 199).

Es erscheint deshalb nützlich und notwendig, vage und unklare Vorstellungen über ein Ziel so konkret umzuformulieren, dass sich Veränderungen zum Positiven auch tatsächlich erkennen lassen.

In einer Situation mit nur einem Klienten kann der Berater die Ziele des Gesprächspartners erfragen und mit ihm gemeinsam überlegen, wie der Klient diese Ziele für sich erreichen und umsetzen kann.

In einem Gespräch mit mehr Anwesenden, z. B. Schüler, Klassenlehrer und Berater, taucht jedoch in aller Regel ein zusätzliches Problem auf, wenn es um das Aushandeln der Ziele geht: Die Klienten bzw. Schüler und Klassenlehrer haben nicht nur unterschiedliche Problemsichten, sondern sie verfolgen – zumindest vordergründig – auch unterschiedliche Ziele:

Beispiel

Berater: Was muss hier in diesem Gespräch passieren, damit am Ende alle Beteiligten sagen können, es hat sich gelohnt?

Lehrer: Das Gespräch wird sich gelohnt haben, wenn dieser Kerl endlich aufhören wird, nur das zu tun, wozu er Lust hat und alles andere zu ignorieren!

Berater: Okay! (Zum Schüler:) Was würdest du sagen? Was muss sich ändern, damit du sagen kannst, es war ein gutes Gespräch?

Schüler: Ich wäre schon zufrieden, wenn der Herr Schneider nicht dauernd ‚rummeckern‘ würde. Der soll mich in Ruhe lassen!

Berater: Okay! Nehmen wir einmal an, es wäre so, wie ihr euch das vorstellt. Was gäbe es noch, das dieses Gespräch zu einem guten Gespräch machen könnte?

Schüler: Wir müssen was finden, dass wir weniger Stress miteinander haben, nicht dauernd diese Auseinandersetzungen, verstehen Sie?

Berater: Wenn Ihr weniger Stress miteinander hättet, woran könntest du das erkennen?

Schüler: Na ja, er würde nicht mehr so viel meckern, und ich würde besser mitarbeiten!

Berater: Ah ja! (Zum Lehrer:) Woran würdest du erkennen, dass der Stress zwischen euch beiden weniger wird?

Lehrer: Ja, ja, er hat schon Recht, das scheint wohl irgendwie miteinander zusammenzuhängen ...

In diesem Beispiel wird sehr deutlich, wie sich beide Ansichten aufeinander beziehen und miteinander korrespondieren. Ähnlich dürfte es auch in vielen anderen schulischen Problemsituationen sein: Jeder der Beteiligten sieht den Konflikt nur aus seiner Perspektive und kann mögliche Regelkreise nicht erkennen. Eine Lösungsstrategie im Gespräch könnte demnach darin bestehen, Ziele zu suchen, die für alle Beteiligten erstrebenswert scheinen und die auf die Auflösung negativer Regelprozesse hinarbeiten.

Wenn eine solche Konstellation vorliegt, gibt es zwei Möglichkeiten. Die erste demonstriert das Fallbeispiel: Vielleicht gibt es doch Ziele, die für beide erstrebenswert und attraktiv sind, und es wird deutlich, wie diese Ziele miteinander zusammenhängen und das eine sich aus dem anderen ergibt.

Als zweite Möglichkeit könnte der Berater genau dies zum Thema machen (Metakommunikation). Er könnte darauf hinweisen, dass unterschiedliche Vorstellungen über das Gesprächsthema und die zu verfolgenden Ziele im Raum stehen. In einer solchen Situation scheint es mir notwendig, die Themen und die Ziele zu benennen und gemeinsam mit den anderen Beteiligten eine per Konsens erzielte Prioritätenliste zu erstellen.

Kriterien für sinnvolle Zielformulierungen:
Berg (1993, 54–68) nennt einige Kriterien für sinnvolle Zielformulierungen. Je mehr dieser Eigenschaften in ihnen enthalten sind, umso bedeutsamer und erkennbarer wird ihre Umsetzung.

Sieben Eigenschaften wohlgestalteter Ziele:
1. Ziele müssen/sollen bedeutsam für den Klienten sein.
2. Ziele müssen/sollen klein sein.
3. Ziele müssen/sollen konkret, präzise und verhaltensbezogen sein.
4. Ziele müssen/sollen eher das Vorhandensein als die Abwesenheit von etwas zum Ausdruck bringen.
5. Ziele müssen/sollen eher einen Anfang als ein Ende beschreiben.
6. Ziele müssen/sollen im Lebenskontext des Klienten realistisch und erreichbar sein.
7. Ziele erreichen ist „Harte Arbeit".

Berater: „Wie wird das, was Sie vorschlagen, dazu beitragen, die Arbeit zu erledigen?" (Efran, 1992, 177).

Fragen, die die Verantwortung und die Entscheidungskompetenz des Klienten betonen

Eine Schwierigkeit, effizient an Lösungen zu arbeiten, kann sich daraus ergeben, dass man den relevanten Sachverhalt in Bilder oder Beschreibungen gießt, die (etwa durch ihre statische Sichtweise) Veränderungen erschweren und/oder die Zuständigkeit des Betreffenden leugnen oder in Frage stellen. Die Beschreibung eines Alkoholproblems als Krankheit (vgl. Berg, 1993) hat durchaus eine entlastende (und damit für den Betroffenen positive) Funktion. Allerdings delegiert diese Sichtweise die Verantwortung zur Lösung des Problems in die Hand des Experten. Außerdem kann man sich leicht dazu entscheiden, daran zu glauben, dass man der Krankheit oder dem Krank-Werden ausgeliefert ist, es passiert mit einem, man selbst kann nichts dagegen tun. Neben die hilfreiche Entlastungsfunktion (in diesem Fall der Krankheitsmetapher) tritt die Lösungen erschwerende Position der eigenen Hilflosigkeit.

Im systemischen Interview formulieren wir unsere Fragen eher offensiv und aktivierend. Wir geben zu verstehen, dass wir die Verantwortung für das Geschehen und die Kompetenz zur Realisierung einer Lösung beim Klienten(-system) verorten.

Beispiele

„Dann fragen wir den identifizierten Patienten, ob er damit einverstanden ist, Patient zu sein oder nicht."

„Wie sind Sie zu dieser Definition gekommen? Wie haben Sie das entschieden? Warum haben Sie beschlossen, dass das, was Sie als Problem definieren, ein Problem ist?"

„Wer hat beschlossen, dass du ein Problem hast? Bist du damit einverstanden? Wer traf die Entscheidung, dass du nicht mehr essen sollst? Wann hast du entschieden, dir das Leben zu nehmen?" (alle Beispiele: Boscolo, 1988, 136 f.).

„Was glaubst du, wie lange du suizidal bleiben wirst?" (ebd., 170).

„Wann wirst du dich entscheiden, wieder mitzuarbeiten?"

„Du hast dich entschieden, nicht zu lernen, wann wirst du
wieder lernen wollen?"

„Du hast dich entschieden, dir keine Gedanken über deine
Zukunft zu machen, wann wirst du damit beginnen?"

„Sie haben sich entschieden, noch nichts zu entscheiden?
Was, glauben Sie, würde es Ihnen leichter machen, zu einer
Entscheidung zu kommen?"

Fragen dieser Art stoßen bei dem Klienten durchaus nicht immer auf
offene Bereitschaft der Beantwortung. Schließlich stellen sie ja seine,
ihn schützende Sichtweise („Ich bin krank!") rigoros in Frage. Aber sie
eröffnen oder erweitern die Möglichkeit zur Veränderung. Entschei-
dend ist ja auch nicht, dass sie die Frage sofort beantworten können,
sondern, dass sie sie mitnehmen und außerhalb des Beratungskontextes
weiter bearbeiten.

Prozessfragen

Bei Beratungsgesprächen oder Moderationen liegt die Aufmerksamkeit
auf zwei Ebenen:
* Auf der Ebene der Geschichte, die die Klienten erzählen. Aufmerk-
  sames Zuhören ist hier die Voraussetzung für das Formulieren möglichst passgenauer Anschlussfragen, für das Finden von Systematisie-
  rungsmöglichkeiten, die hilfreich sein können für die Strukturierung
  des Erzählten, für das Anbieten inhaltlicher (sprachlicher) Alternativen oder für das Erzeugen von Unterscheidungen.
* Auf der Ebene des sich gerade ereignenden Gespräches. Fragen auf
  dieser Ebene klären, z. B.:
  – die Vorgehensweise und Organisation des Gespräches
  – den Auftrag und die Zuständigkeit des Beraters
  – die Ziele und die Kriterien, die Erfolg sichtbar machen
  – die Zufriedenheit der Beteiligten mit dem bisherigen Verlauf des
    Gespräches
  – die Bedeutung erzählter Inhalte und Geschichten für den Ge-
    sprächsverlauf.

Fragen, die hier angesiedelt werden können, nennt man „Prozessfragen". Sie sind in mehrfacher Hinsicht von besonderer Bedeutung für das stattfindende Gespräch:

- Sie schaffen Sicherheit und Transparenz, indem sie das Gespräch in einen Rahmen einbetten, der den Klienten Orientierung ermöglicht.

„Haben Sie vielleicht noch weitere Fragen zu meiner Person oder zu unserer Arbeitsweise, die wir vorher klären sollten? Ist Ihnen noch etwas unklar?"

- Sie ermöglichen Metakommunikation über das bisher Erzählte und das noch zu Erzählende. Die Klienten erhalten eine Gelegenheit, aus dem Strom ihrer Erzählung kurzfristig auszusteigen und diese von außen zu betrachten. Dies erleichtert Ergänzungen, Kurskorrekturen oder Orientierung.

„Gibt es zu dem, was Sie mir gerade erzählt haben, noch etwas Wichtiges, wonach ich noch gar nicht gefragt habe?"

„Welche Bedeutung geben Sie dem, was Sie gerade erzählt haben, in Bezug auf unser heutiges Anliegen?"

- Die Erzählung der Klienten ist immer ein „Mittel zum Zweck", wobei der Zweck nicht immer explizit benannt werden kann. Prozessfragen machen diesen Zweck zum Thema und schlagen so eine Brücke zwischen den erzählten Inhalten und den Beratungszielen.

„Was wäre für Sie ein gutes Ergebnis dieses Gespräches, das wir jetzt gerade hier miteinander führen?"

- Sie bieten Möglichkeiten der Strukturierung der Erzählung oder der Herstellung von Transparenz, insbesondere dann, wenn die Klienten ihre Geschichte in diffuser oder sprunghafter Form vortragen.

„Wenn ich Sie richtig verstanden habe, haben Sie zwei Themen mitgebracht. Erstens … und das andere Thema könnte lauten …! Mit welchem sollen wir beginnen?"

„Ich bin jetzt ein bisschen verwirrt und weiß nicht ganz genau, wo wir gerade sind. Was glauben Sie, wäre die beste Frage, die ich Ihnen jetzt stellen könnte?"

„Wir hatten zu Beginn vereinbart, heute über … zu sprechen. Wenn ich Sie richtig verstanden habe, haben Sie gerade noch ein zusätzliches Thema ins Spiel gebracht, oder? – Jetzt weiß ich nicht, worüber wir zuerst reden sollten, was meinen Sie?" „Was glauben Sie, meinen die anderen hierzu?"

- Die Entscheidung, ob eine Frage als Prozessfrage gilt oder sich eher auf den Inhalt bezieht, ist nicht immer leicht zu treffen, hier ist gelegentlich durchaus ein „sowohl – als auch" möglich oder es kommt auf die (nur zu vermutende) Intention des Fragenden an. Will er etwas genauer verstehen, um daraus Anhaltspunkte für die weitere Gestaltung des Gespräches zu erhalten, könnte man von einer Prozessfrage sprechen, geht es um die inhaltliche Präzisierung durch die Klienten, wäre es eine inhaltliche Frage.

„Ich würde gerne noch besser verstehen, was Sie meinen, wenn Sie sagen ..."

„Welche Lösungen sind bereits versucht worden, haben Sie aber nicht hinreichend zufriedengestellt?"

Beispiele für Prozessfragen

„Wie kommt es, dass Sie gerade zu mir gekommen sind?"

„Was gab den Ausschlag, oder was ist passiert, dass Sie gerade jetzt, heute hier sitzen?"

„Wer hatte als erster die Idee, dass es sinnvoll oder nützlich sein könnte, ein solches Gespräch zu organisieren? Wer hat eher zugestimmt, wer war eher skeptisch, wer wollte nicht?"

„Wie kommt es, dass Sie jetzt doch hier sitzen?"

„Ich würde gerne zu Beginn erläutern, wie wir uns das Gespräch vorstellen, inwieweit sind Sie daran interessiert, ist das für Sie so okay?"

„Ich schlage für unser Gespräch folgende Vorgehensweise vor, inwieweit sind Sie damit einverstanden?" „Falls Sie andere Vorstellungen im Kopf haben, welche sind das?" „Haben Sie eine Idee, wie wir uns einigen können?" „Was genau erwarten Sie von mir?" „Was müsste ich tun, damit Sie mit unserem Gespräch zufrieden (oder unzufrieden) wären?"

„Was könnten wir gegebenenfalls verändern, damit Sie sich wohler fühlen?" „Wäre es für Sie okay, zunächst erst einmal nur zuzuhören?" „Kann ich Sie dann nachher noch einmal fragen, ob ich Sie etwas fragen kann?"

„Wie ist es Ihnen seit unserem letzten Gespräch ergangen?"
„Inwieweit gibt es Dinge, die sich verändert haben?" „Was ist besser geworden?" „Was glauben Sie, wie sehen das die anderen?"

„Inwieweit haben Sie eine Erklärung für die Veränderungen?" „Worin sehen Sie Ihren eigenen Beitrag hierfür?" „Welche Beiträge sehen Sie bei den anderen Beteiligten?" „Was glauben Sie, meinen die anderen hierzu?"

„Wozu würden Sie unser Gespräch gerne nutzen?" „Haben Sie ein Thema mitgebracht, das Sie von sich aus gerne ansprechen würden?" „Gibt es noch weitere Themen?" „Haben alle dasselbe Thema?" „Was glauben Sie, wen betrifft dieses Thema am meisten?" „Wen am wenigsten?" „Wieso?" „Inwieweit sind die unterschiedlichen Ansichten, die Sie mitgebracht haben, verhandelbar?" „Wo sind Grenzen?" „Wie lassen sich diese erklären?"

„Wie könnte unser Gespräch dazu beitragen, dass Sie Ihrem Ziel näherkommen?" „Woran genau könnten Sie erkennen, dass unser Gespräch hilfreich war?" „Falls Sie das nicht glauben, was sollte unser Gespräch dann leisten?" „Wer erwartet das meiste von diesem Gespräch?" „Wer das wenigste?"

„Wie geht es Ihnen bisher in diesem Gespräch?" „Sind Sie mit dem bisherigen Gesprächsverlauf zufrieden?" „Was könnten wir besser machen?"

„Was wäre für Sie ein gutes Ergebnis dieses Gespräches hier?" „Inwieweit haben alle Beteiligten dasselbe Ziel?" „Welche weiteren Themen, Hoffnungen und Zielvorstellungen sind mitgebracht worden?" „Wer in dieser Runde möchte mit unserem Gespräch etwas erreichen?" „Gibt es auch jemanden, der kein eigenes Ziel verfolgt?" „Wieso sind Sie dann trotzdem gekommen?" „Wer ist am meisten an einer Lösung interessiert? – Wie lässt sich das erklären?"

„Wer hat schon mit wem über Ihr Problem verhandelt und was ist dabei herausgekommen?" „Welche Lösungen sind bereits versucht worden, haben Sie aber nicht hinreichend zufriedengestellt?" „Welche Vorstellungen von Lösungen oder Lösungswegen gibt es noch?"

„Woran genau können Sie erkennen, dass unser Gespräch (unser gesamter Prozess) erfolgreich war?" „Was wird dann anders sein als jetzt?"

„Ich würde gerne noch besser verstehen, was Sie meinen, wenn Sie sagen ...?" „Habe ich Sie richtig verstanden, dass ... Könnte man das auch so oder so formulieren?" „Können Sie mir das noch genauer erklären?" „Wenn ich jetzt versuche, mir das ganz konkret vorzustellen, wie sähe das dann aus?"

„Ich habe jetzt gerade sehr viel gehört, und ich hätte gerne eine oder zwei Minuten Zeit, um über das nachdenken zu können, was ich gerade gehört habe. Wäre das für Sie okay?" „Ich würde an dieser Stelle gerne einen Schnitt machen und mir anhören, was meine Kollegen aus dem Reflektierenden Team für Gedanken und Ideen haben, sind Sie damit einverstanden?"

„Wieso glauben Sie, niemand will Sie verstehen? Welche Absicht könnte dahinter liegen, was vermuten Sie?"

„Habe ich vergessen, nach etwas zu fragen, von dem Sie denken, das gehört noch unbedingt dazu, damit es vollständig wird?" „Möchten Sie vielleicht noch etwas ergänzen, vervollständigen oder hinzufügen?" „Vermuten Sie, dass ich möglicherweise etwas nicht richtig verstanden habe?" „Haben Sie eine Idee, wie Sie mir hier helfen könnten?" „Was in Ihrer Geschichte ist Ihnen das Wichtigste?"

„Wie zufrieden sind Sie mit dem bisherigen Gespräch?" „Sind das die Themen, derentwegen Sie gekommen sind, oder bewegen wir uns eher noch am Rande und laufen wie die Katze um den heißen Brei?" „Welche Themen wären Ihnen wichtiger?" „Welche Fragen sollte ich Ihnen hierzu stellen?" „Wenn wir die Qualität unseres Gespräches auf einer Skala eintragen würden, von 1 (ziemlich schlecht) bis 10 (sehr gut), wo wären wir jetzt?" „Was müssten wir tun, um uns um eine Ziffer zu verbessern?"

„Sie haben bis jetzt nur zugehört! – Inwieweit möchten Sie zu dem, was Sie gehört haben, einen Kommentar abgeben?" „Was war für Sie die wichtigste Aussage?"

„Wenn Sie sagen, es wäre besser geworden, wie haben Sie das geschafft?" „Wer hat dazu beigetragen?" „Was müsste passieren, dass es noch besser wird?" „Inwieweit haben Sie schon eine Vorstellung über den nächsten Schritt, den Sie gehen werden?"

„Haben Sie eine Idee, wie wir unser Gespräch zu einem guten Abschluss bringen können?" „Möchten Sie noch etwas Abschließendes zu unserem heutigen Gespräch sagen?" „Wie lautet Ihr Schlusswort für unser heutiges Gespräch?" „Inwieweit haben Sie eine Idee, wie Sie die Zwischenzeit bis zu unserem nächsten Treffen sinnvoll für sich nutzen können?" „Gibt es eventuell jemanden, der beim nächsten Treffen mitkommen sollte?"

Falls der Berater eine Frage stellen möchte, von der er annimmt, sie könnte für die Klienten besonders heikel sein: „Darf ich Ihnen mal eine ganz unverschämte Frage stellen?" „Wenn Sie sie nicht beantworten möchten, dann sagen Sie das ganz einfach, dann ziehe ich meine Frage zurück!"

Bei Rückzug oder Schweigen: „War meine Frage nicht gut?" „Habe ich eine schlechte Frage gestellt?"

Bei Unterbrechungen: „Ich würde gerne verstehen können, was Ihre Frau mir gerade erzählt!"

Wenn auf eine Frage nicht eingegangen wird: „Ich habe jetzt nicht verstanden, wie sich Ihre Antwort auf meine Frage bezieht, können Sie mir das bitte noch einmal erklären? – Meine Frage lautete ..."

Wenn eine Geschichte als Metapher angeboten wird: „Sie haben gerade ein Bild (einen Vergleich, eine Geschichte) benutzt, um mir etwas deutlicher zu machen. Können Sie dieses Bild auf Ihr eigentliches Thema übertragen oder würden Sie lieber bei Ihrer Metapher bleiben?"

5

Bausteine für die Praxis II

Ich habe schon darauf hingewiesen, dass eine Grundidee der systemischen Beratung die ist, statische oder determinierende Sichtweisen nach Möglichkeit so umzuformulieren, dass neue Handlungsspielräume oder Entscheidungssituationen entstehen. In den folgenden Gliederungspunkten werde ich einige zusätzliche Gedanken vorstellen, die hierbei von Nutzen sein können.

5.1 Die Bedeutung der Gegenwart für die Vergangenheit

Die Bedeutung unserer Vergangenheit für unsere Gegenwart, oder präziser formuliert, vergangener Ereignisse für unser gegenwärtiges Verhalten, erscheint den meisten von uns wohl sonnenklar und unabweisbar. Erfahrungen positiver wie negativer Art, die wir in einem

„biographischen Rucksack" mit uns herumtragen, prägen uns und die Art, wie wir in den verschiedensten Situationen handeln. Sie helfen uns dabei, einmal gemachte Fehler nicht zu wiederholen, Gefahrensignale rechtzeitig zu erkennen und brauchbare Erklärungen liefern zu können.

Diese Überzeugung ist mehr als eine subjektive und praktische All-tagstheorie und weder die Psychoanalyse noch die Lerntheorie wären denkbar ohne diese Grundannahme. Und dennoch lässt sie sich in Frage und auf den Kopf stellen, indem wir nach der Bedeutung der Gegenwart für die Vergangenheit fragen.

Eine erste Überlegung in diesem Gedankengang ist die, dass es so etwas wie „Vergangenheit" an sich gar nicht gibt. In ihrem Buch „Die Zeiten der Zeit" verweisen Luigi Boscolo und Paolo Bertrando (1994, 21) diesbezüglich auf den heiligen Augustinus, der schon vor 1700 Jahren geschrieben hatte:

> *„Was also nun klar ersichtlich ist, das ist, es gibt nicht Zukunft noch Vergangenheit (...) es ließe sich vielleicht im eigentlichen Sinne sagen: Es gibt drei Zeiten, die Gegenwart des Vergangenen, die Gegenwart des Gegenwärtigen und die Gegenwart des Zukünftigen. Denn es sind diese dreie in der Seele, und anderswo seh ich sie nicht, gegenwärtig ist das Erinnern des Vergangenen, gegenwärtig die Anschauung des Gegenwärtigen, gegenwärtig die Erwartung des Zukünftigen. Wenn ich so sagen darf, dann sehe ich drei Zeiten und bekenne, es sind drei."*

Wenn es demnach „Vergangenheit an sich" nicht geben kann, sondern immer nur als die gegenwärtige Beschäftigung mit ehemaligen Ereignissen, dann können diese auch immer nur die Bedeutung haben, die wir ihnen *gegenwärtig* geben. Der Wert, den wir einem beliebigen Sachverhalt beimessen, liegt nicht darin, wie wir ihn irgendwann einmal erlebt haben (oder besser: in dem, an was wir uns erinnern), sondern in dem, den wir ihm gegenwärtig beimessen.

> *„Vergangene und zukünftige Probleme existieren in der Gegenwart gemeinsam mit gegenwärtigen Problemen über die Gegenwart, aber kein Problem kann außerhalb der Gegenwart existieren"* (Boscolo, 1994, 141).

Wenn Vergangenheit aber immer nur in unseren gegenwärtigen Erzählungen existieren kann, dann verändert sie sich auch immer in dem Maße, in dem sich unsere Erzählung verändert, und dann haben wir einen unmittelbaren Zugriff auf unsere Vergangenheit, etwa indem wir einer bestimmten Begebenheit eine andere Bedeutung beimessen, als wir das bisher getan haben, und dann kann man, wie Ben Furman (2008), sagen: „Es ist nie zu spät, eine glückliche Kindheit zu haben."

Die Aufgabe des systemischen Beraters wäre demnach auch hier, den von den Klienten als statisch und problembeladen beschriebenen Bedeutungsgehalt als wieder verhandelbar und offen für Veränderungen zu deklarieren.

Besonders deutlich scheint diese Thematik bei Menschen zu sein, für die wir seit einiger Zeit den Begriff der „Traumatisierung" verwenden. Cornelia Oestreich schreibt: „Nach solchen traumatischen Erlebnissen beschreiben Überlebende: ‚Alles ist anders danach‘, ‚Ich habe keinen Platz mehr in der Welt‘, ‚Ich habe keine Hoffnung mehr und keine Zukunft, Nichts‘, ‚Alles, was bisher galt, gilt nicht mehr‘" (Oestreich, 2010, 100). Die Autorin bezweifelt die Nützlichkeit des Traumabegriffes für Heilungsprozesse und fragt danach, wie es eigentlich war, bevor wir diese Vokabel kannten. Sie plädiert dafür, auf die „Fähigkeiten zur Bewältigung" zu setzen und sie für eine „Lebenserzählung" zu nutzen. Sie schreibt: „Menschen verfügen über Kompetenzen und Ressourcen, Traumata zu überwinden und aus der Katastrophe Neues zu entwickeln, sich selbst, ihren Familien und Gemeinschaften immer wieder aufs Neue eine neue bessere Zukunft aufzubauen ... In allen Kulturen haben Menschen Rituale entwickelt, einander bei der Überwindung und Bewältigung potenziell traumatischer Ereignisse beizustehen – manchmal durch aktives Tun, manchmal durch aktives Unterlassen" (ebd., 101).

5.2 Funktionalität im Kontext

An anderer Stelle (Palmowski, 2010) habe ich ausführlich beschrieben, wie es möglich ist, Verhaltensweisen, die aus personenbezogener Sicht nur als „Verhaltensstörungen" begriffen werden können, als sehr sinnvoll und nützlich für denjenigen angesehen werden können, der das in Frage kommende Verhalten gerade zeigt. Wenn Schüler Schule und Unterricht

* als diffus erleben und nicht als transparent,
* als bedrohlich und nicht als angenehm und entspannt und
* als Überforderungssituation, für die ihre Kompetenzen nicht hinreichen,

dann ist es naheliegend, dass sie versuchen werden, ein Gefühl von Kontrolle über diese Situation zu bekommen, und der für sie einfachste Weg besteht darin, die für sie angsterzeugende Situation durch Störungen zu unterlaufen. Viele Kinder und Jugendliche entwickeln hier erstaunliche Kreativität und bewundernswerte Ausdauer.

Die zentrale Frage lautet:

Welcher Kontext oder welcher Zusammenhang ist vorstellbar, in dem das Verhalten als nützlich und sinnvoll erscheint?

Vordergründig als unsinnig oder unpassend wahrgenommenes Verhalten bekommt so möglicherweise eine hohe Plausibilität.

* Faulheit kann Schüler davor schützen, sich eine viel schlimmere Eigenschaft, nämlich „Dummheit", zuschreiben zu müssen (Palmowski, 1997).

* Viele Schüler sehen wenig Sinn darin, die Schule zu besuchen, weil diese sie am Lernen hindert, oder weil sie Inhalte und Lernformen abverlangt, denen die Schüler nicht mehr bereit sind zu entsprechen. „Es wäre gut, wenn die Lehrer im Unterricht weniger reden würden, dann könnten wir endlich besser lernen!" sagte mir ein Grundschüler, der sich weigerte, weiterhin täglich zur Schule zu gehen.

Fast jedes Verhalten wirkt grotesk, wenn wir es isoliert betrachten. Wenn wir psychiatrisch relevante Verhaltensweisen erzeugen wollen, brauchen wir hierzu nur den jeweiligen Kontext weglassen und schon

101

erscheint der Fußballspieler oder Angler oder Autofahrer in seinem Gebaren als ziemlich bizarr.

Bei Gianfranco Checchin (1993) findet sich ein beeindruckendes Beispiel: „Ein vierzehnjähriger Junge mit einem IQ von 60 wurde wegen zahlreicher Straftaten, wie z. B. Diebstahl, in einer Jugendstrafanstalt eingesperrt. Nach einem schwierigen Anpassungsprozess an die Regeln der Institution fing der Junge an, sich am ganzen Körper mit den Exkrementen zu beschmieren. Das Personal versuchte verschiedentlich, ein Konzept zu finden und mit dem Jungen zu arbeiten. Erst psychodynamisch, dann verhaltenstherapeutisch und schließlich orientiert an der Herkunftsfamilie – alles ohne Erfolg." Ein hinzugezogener systemischer Berater thematisierte die in der Überschrift enthaltene Aussage: „In welchem Kontext würde es einen Sinn machen, dass der Junge die eigene Scheiße isst und sich damit beschmiert?" In der Beantwortung dieser Frage wurde herausgearbeitet, dass der Junge sich mit diesem abstoßenden Verhalten auf wirksame Art vor Vergewaltigungen durch andere Haftinsassen zu schützen wusste. Allgemeiner formuliert: Diese – isoliert betrachtet unverständliche und störende – Verhaltensweise erhält ihre wichtige Funktion durch die Einbeziehung des Kontextes, in den sie eingebunden ist, nur durch ihn wird sie verständlich. Bei Beibehaltung einer personenbezogenen Sichtweise hätte die Ursache in dem Jungen liegen müssen und wäre vielleicht mit Medikamenten behandelt worden.

Die hier vorgetragene Wahrnehmung und Erklärung hyperaktiver und anderer ausagierender Verhaltensweisen bedeutet demnach auch eine äußerst skeptische Haltung gegenüber Versuchen, diese mit medikamentösen Mitteln „in den Griff zu bekommen". Denn im Grunde sind die Reaktionsmuster der Kinder sehr gesund. „Das Verhalten des Kindes ist passend", schreibt Barbara Völkel (2004, 251). Es befindet sich in einer Situation, die es als sehr schwierig erlebt, und genau dies teilt es durch sein Verhalten mit. Hyperaktivität oder andere Unterrichtsstörungen hätten dann die kommunikative Bedeutung eines Notsignals (Leinhofer, 1991; Wolff, 1978).

Wenn also eine Verhaltensweise als sinnvoll und zielführend in dem jeweiligen Kontext erlebt wird, in den sie eingebettet ist, dann erscheint es andersherum logisch, dass sie relativ schnell aufgegeben werden wird, sobald sie ihre Funktionalität verliert. Sie verliert ihre Funktionalität dadurch, dass der Kontext so verändert wird, dass sie nicht mehr als sinnvoll und zielführend erlebt wird. Mögliche oder notwendige Veränderungen des Kontextes wären dann Gegenstand von Aushandlungen oder eben eines Sich-Miteinander-Beratens:

- Ich würde gerne mit dir/euch darüber nachdenken, was wir anders machen sollten, damit es dir/euch leichter fällt zu lernen.
- Ich wüsste gerne, was ich dazu tun kann, dass es dir gelingt, nicht mehr so oft durch die Klasse zu laufen.
- Wie können wir unsere Zusammenarbeit so gestalten, dass ihr am Ende des Schultages zufrieden nach Hause gehen könnt – und ich auch?
- Was brauchst du noch, damit du sagen kannst: „Ich gehe gerne in die Schule"?
- Ich wünsche mir, dass jeder von euch morgen einen Vorschlag mitbringt, was wir hier noch besser machen können.

Systemische Beratungskompetenz wird hier auch für pädagogische Sachverhalte gewinnbringend genutzt. Anstehende Themen werden nicht mehr vom Lehrer allein (oder mit Kollegen) reflektiert, sondern in einem kontinuierlichen Gedankenaustausch mit den beteiligten Schülern.

5.3 Positives Konnotieren

Das Schöne an den Tagen,
an denen wir sehr früh aufstehen müssen,
besteht doch darin,
dass wir das Ausschlafen-Können am Wochenende
um so mehr zu schätzen wissen.

Die zentrale Idee des positiven Konnotierens (ausführlich z.B. in Molnar/Lindquist, 1990) setzt konstruktivistisches Denken voraus: Wenn Wirklichkeiten nicht erfasst oder entdeckt, sondern individuell erzeugt oder sozial vereinbart werden, dann gilt dies erst recht für die sogenannten „weichen Realitäten", die Bedeutungen und Bewertungen, die wir einzelnen Phänomenen beimessen.

Es wird deutlich, dass jeder beliebige Sachverhalt immer nur die Bedeutung haben kann, die wir ihm beimessen.

In unseren subjektiven Alltagstheorien verknüpfen wir häufig einen Sachverhalt mit der Bedeutung, die wir ihm gegeben haben, und tun so, als wären diese beiden Aspekte nicht voneinander zu trennen. Bei genauerem Hinsehen wird aber deutlich, dass die Bewertung einer Sache oder eines Vorgangs immer nur unsere sein kann – andere Beteiligte bewerten möglicherweise sehr anders.

Wir erleben und bewerten die Dinge weniger so, wie *sie* sind, sondern mehr so, wie wir sind.

Daraus folgt die Idee, dass man im Grunde jedem beliebigen Sachverhalt eine negative Bedeutung beimessen kann, aber auch eine positive, und dass unsere Entscheidung für das eine oder andere mehr über uns sagt als über das bewertete Ereignis.

Die Idee des positiven Konnotierens besteht darin, dafür zu plädieren, mögliche positive Bedeutungen eines Sachverhaltes zu konstruieren oder zu sehen, weil diese Sichtweise weniger problemerzeugend ist und weil sie es einfacher macht, lösungsorientiert zu bleiben.

Beispiel

In einem Workshop berichtet eine Teilnehmerin, sie hätte sich vor kurzem ein neues Klavier gekauft, ein wunderschönes Instrument und die Erfüllung eines langgehegten Herzenswunsches. Vor ein paar Tagen habe nun eine Frau, die ihr regelmäßig im Haushalt hilft, ein heißes Bügeleisen auf dem Klavier abgestellt und so einen deutlich konturierten, schwarzen Brandfleck auf dem Klavier hervorgerufen. Wenn sie daran denke, merke sie deutlich, dass sie sich darüber immer noch nicht wirklich wieder beruhigt habe.

Die anderen Teilnehmer haben anschließend versucht, diesen Sachverhalt positiv zu konnotieren, etwa folgendermaßen:

- Ein guter Grund, endlich mal wieder Omas selbstgeklöppelte Spitzendecken hervorzuholen.
- Dieses Klavier ist ein einzigartiges Unikat, selbst unter tausenden von Klavieren findet man seines sehr schnell wieder.
- Irgendwann wird es die nächste Macke im Klavier geben, die ist dann nicht mehr so wichtig.
- Endlich gibt es einen hinreichenden Grund, sich eine andere Haushaltshilfe zu besorgen.
- Wenn die Versicherung bezahlt, kann man sich von dem Geld noch ein Klavier kaufen.
- Für das Klavierspiel ist der Fleck bedeutungslos.
- Ab sofort wird in diesem Haushalt nicht mehr gebügelt.
- Gut, dass das Klavier keine Geige ist, die wäre jetzt hin. (Merke: Was ist der Unterschied zwischen einer Geige und einem Klavier? – Ein Klavier brennt länger!)
- … Bitte ergänzen …

Vielen Kollegen fällt dieser Perspektivwechsel anfangs schwer. Sie bleiben gedanklich bei ihrem vertrauten Denken und sagen dann etwa: „Aber wenn ein Schüler zu spät kommt, dann ist das doch negativ, und dann kann ich doch nicht so tun, als fände ich das wunderschön. Dann würde ich doch dem Schüler und mir etwas vormachen."

Es gibt aber auch Lehrer, die dem Schüler, der zu spät kommt, nicht nur sagen: „Ah, da bist du ja, schön dass du noch gekommen bist", oder: „Du brauchtest wohl noch ein paar Minuten nur für dich selbst", sondern die dies auch ganz wirklich so meinen.

Die Kompetenz, Dingen oder Ereignissen positive Bedeutungen zuzuschreiben, kann zu Perspektivwechseln führen, die immense Auswirkungen haben können. Rolf Balgo hat auf diesen Aspekt hingewiesen, er schreibt:

„So können wechselseitige, sich selbst erfüllende negative Prophezeiungen, wie beispielsweise die des Lehrers, der meint, dass bei diesem Schüler Hopfen und Malz verloren sei und er den

Stoff niemals lerne, oder wie beispielsweise die des Schülers, der meint, dass er sich bei diesem Lehrer anstrengen könne wie er wolle und trotzdem eine schlechte Zensur bekomme, möglicherweise durchbrochen und eventuell in sich selbst erfüllende positive Prophezeiungen umgewandelt werden" (Balgo, 1997, 91).

Dass positive Erwartungshaltungen auf Seiten des Lehrers zu positiven Resultaten auf Seiten des Schülers führen, ist von Robert Rosenthal schon 1976 in seinem Buch „Pygmalion im Unterricht" empirisch untersucht und nachgewiesen worden.

Die Idee des positiven Konnotierens fließt auch ein in systemische Beratungsgespräche, oft so, dass man sie explizit zum Thema macht:

- „Nun hat ja jeder Sachverhalt immer nur die Bedeutung, die wir ihm geben, und Sie haben gerade deutlich gemacht, dass Ihre Geschichte Sie sehr belastet, aber inwieweit können Sie mir auch sagen, was das Positive an dieser Geschichte ist?"
- „Wer von den hier Anwesenden könnte dieser Geschichte am ehesten etwas Positives abgewinnen?"
- „Was müsste passieren, dass alle in der Lage wären, auch die positiven Aspekte zu sehen?"
- „Wenn diese Geschichte nicht passiert wäre, was wäre dann schlechter als jetzt?"
- „Woher nehmen Sie diese immense Kraft, die es Ihnen möglich macht, irgendwann aus dieser Geschichte heil herauszukommen?"

Selbst dann, wenn ein Konflikt gegenwärtig als nicht lösbar erscheint, kann man sich immer noch um Schadensbegrenzung bemühen!

Beispiel

Sebastian, ein 14-jähriger Gymnasiast, wird von einem Klassenkameraden in den Pausen, wenn sich kein Lehrer in der Klasse befindet, regelmäßig hart bedrängt. Es handelt sich durchaus nicht um Bagatellen. So hat ihm der andere Schüler schon einmal mit der Klinge eines Bleistiftanspitzers einen Handrücken zerschnitten oder versucht, die Haare anzuzünden.

Sebastian selbst leistet so gut wie keine Gegenwehr.

Die anderen Schüler greifen nicht ein, die Lehrer reagieren genervt, wenn Sebastian versucht, sie anzusprechen, und wimmeln ihn ab, auch der Vertrauenslehrer.

Auf meine Frage, wer von den beiden Jungen der stärkere sei, antwortet Sebastian, das wüssten sie nicht, er hätte es noch nie „darauf ankommen lassen".

Bei der Reflexion des Gespräches wird die Idee erörtert, Sebastian müsse sehr froh sein, dass es diesen Schüler gäbe, schließlich böte er ihm eine einmalige Chance zu lernen, wie man sich zur Wehr setzen kann, und eines wäre sicher: Es wird in seinem ganzen Leben immer wieder Menschen geben, die versuchen werden, „ihn vom Bürgersteig zu schubsen", wenn sie merken, dass er keinen Widerstand leistet.

Als am Tag darauf der Schüler Sebastian mit dem Feuerzeug bedroht, schlägt dieser es ihm aus der Hand, so dass es zerbricht, schubst den Schüler von sich weg und weigert sich auch, das Feuerzeug zu ersetzen. Von da an lässt der andere ihn in Ruhe, das Spiel ist aus. (Zum Thema: Systemische Beratung bei Mobbing, siehe Kleuter, 2010.)

Beispiel

Eine Mutter beschwert sich in einem Gespräch über ihren 17-jährigen Sohn. „Er schläft buchstäblich auf seinen Hähnchenknochen", sagt sie. Sein Zimmer sei nicht zu beschreiben, der gesamte Boden sei bedeckt mit sauberer und schmutziger Wäsche, Büchern, Zeitungen, benutztem Geschirr, Flaschen, Papiertaschentüchern, Schuhen, alles fliegt durcheinander, in seinem Bett hat sie die Knochen vom letzten Grillhähnchen gefunden.

Dies ist das tägliche Gesprächsthema der beiden, sie möchte und verlangt, dass er endlich sein Zimmer aufräumt, er weigert sich.

Im Reflektierenden Team wird die Idee erörtert, dass es ganz sicher viele Eltern gibt, die mit ihren heranwachsenden

Kindern sehr viel dramatischere Themen bearbeiten müssen (ungewollte Schwangerschaften, Delikte, Schulden, Drogenabhängigkeiten, gefährliche Bekanntschaften, ...) und die sehr froh wären, wenn sich die Kommunikation mit ihren jugendlichen Kindern auf ein Thema wie Hähnchenknochen im Bett (bei mir persönlich war es dazumal die Länge meiner Haare) beschränken könnte.

5.4 Die Nutzung der Sprache

„Le style c'est l'homme meme."
(Comte de Buffon, 1753)

Der Stil, die Art und Weise, wie ein Mensch sich ausdrückt, wie er Sprache verwendet, ist der Mensch selbst, hat der Aufklärer Buffon schon vor über 250 Jahren gesehen (in Schneiders, 2008, 70). Wenn wir so sind, wie wir sprechen, und uns so verändern, wie sich unsere Sprache verändert, dann scheint es mehr als sinnvoll und notwendig, sorgfältig auf die eigene Sprache zu schauen, dies um so mehr, wenn wir den Auftrag haben, Gespräche zu moderieren oder als Berater zu fungieren.

In meiner Skizze zum „Sozialen Konstruktionismus" habe ich schon auf die immense Bedeutung von Sprache verwiesen. In diesem Denkmodell ist sie das Medium, über welches wir gemeinsam Wirklichkeit konstruieren, und wir können auch nur das wahrnehmen und unterscheiden, für das uns die hierfür notwendigen Begriffe zu Verfügung stehen.

Beispiel

Nehmen wir an, ein Lehrer übernimmt eine neue Klasse. Er kennt seine zukünftigen Schüler nicht. Das Erste was er tun wird ist, sich Informationen über sie zu beschaffen. Wie macht er das?

Die Antwort aus konstruktivistischer Sicht lautet: Er versorgt sich mit Informationen, indem er Unterschiede einführt, die es ihm erlauben, die Schüler zu unterscheiden. Dieses Treffen von Unterscheidungen ist sinnvoll und notwendig, damit er sich so möglichst große und differenzierte Handlungsspielräume schafft. Je präziser, individueller und vielseitiger er unterscheidet, desto präziser, individueller und vielseitiger kann er im Umgang mit den Schülern agieren und reagieren.

Unterschiede, die ein Lehrer einführen und an denen er sich orientieren kann, können sein:
- Die schnellen Schüler und die langsamen,
- die faulen und die fleißigen,
- die, die können, aber nicht wollen, und die, die wollen, aber nicht können,
- die klugen und die dummen,
- die begabten und die unbegabten,
- die besten und die schlechtesten,
- die Jungen und die Mädchen,
- die jüngeren in der Klasse und die älteren,
- die Wiederholer und die Neuen,
- die pünktlichen und die Bummler,
- die zuverlässigen Kinder und die unzuverlässigen,
- die ehrlichen und die unehrlichen
- usw.

Er könnte auch, statt mit einer binären Logik zu arbeiten, relativierende Begriffe verwenden:
- die schnelleren und die, die mehr Zeit benötigen,
- die, die gerne lernen, und die, die ihre Zeit lieber mit anderen Dingen verbringen,
- die, die sich um Pünktlichkeit bemühen, und die, denen es noch schwerfällt
- usw.

Die Liste möglicher Unterscheidungen, die wir treffen können, ließe sich endlos fortsetzen. Ein Kollege, der auf Ordnung und Sauberkeit besonderes Gewicht legt, wird in diesem Bereich andere und differenziertere Unterscheidungen einführen, als derjenige, dem es mehr um angemessenes und konstruktives Sozialverhalten geht. Der Lehrer, der der Wissensvermittlung höchste Priorität einräumt, wird anders unterscheiden als der, der seinen Unterschieden zwischen Mädchen und Jungen hohe Bedeutung beimisst. Und der Kollege, der auf seine pädagogische (Amts-)Autorität pocht, sich selbst Hilflosigkeit attribuiert oder von seinen Schülern Disziplin erwartet, wird von wesentlich mehr „verhaltensgestörten" Schülern umgeben sein, als derjenige, der Lebhaftigkeit, Neugier, Bewegung und Spontaneität seiner Schüler eher positiv bewertet.

Hier wird deutlich: Aus konstruktivistischer Sicht sind diese Unterschiede nicht so sehr in der Realität (als Eigenschaften der jeweiligen Träger) vorgegeben, sondern sie werden vom jeweiligen Beobachter (in diesem Fall dem Lehrer) individuell erzeugt. Ein anderer Lehrer könnte eine andere Art von Unterscheidungen benutzen. So sagte mir eine Grundschullehrerin: „In meiner Klasse gibt es keinen besten und keinen schlechtesten, keine faulen und keine fleißigen Schüler, weil ich sie nicht miteinander vergleiche, sondern das jeweilige Verhalten eines Kindes mit seinen eigenen sonstigen Leistungen und seinem sonstigen Verhalten vergleiche."

Die Unterscheidungen, mit denen wir arbeiten, sind demnach immer unsere, sie sagen mehr über uns aus als über unsere Schüler. Dies auch dann, wenn über soziale Diskurse (etwa in einem Kollegium) weitreichende Übereinstimmungen für die Beurteilungen von Schülern hergestellt werden, und die Lehrer sich sozusagen einig sind. Außerdem ist es sehr viel wahrscheinlicher, dass die Kollegen sich nicht völlig einig sind, und ein- und derselbe Schüler kann von verschiedenen Kollegen aufgrund unterschiedlicher Unterscheidungen auch sehr unterschiedlich wahrgenommen und beurteilt werden.

Aus dieser Perspektive geht es also gar nicht mehr so sehr um den Schüler als den Beobachteten, sondern viel mehr um den Beobachter und dessen Kriterien, Klassifikationen oder Kategorisierungen, mit denen er seine Unterscheidungen trifft.

Klassifikationen sind demnach ein nützliches Hilfsmittel zum Sortieren (zum Erzeugen von Unterschieden). Aber wir sortieren nicht die Wirklichkeit, sondern wir erzeugen sie, indem wir sortieren.

Ich hoffe, es ist deutlich geworden, welche hohe Bedeutung in systemischen Gesprächskontexten der Sprache beigemessen wird. Aus diesem Grunde bemühen sich viele systemische Berater um eine depathologisierende, relativierende und behutsame Sprache. Es macht (für mich) einen großen Unterschied, ob ein Arzt den Eltern sagt: „Ihr Sohn ist psychotisch (oder hat eine Psychose)!" oder „Zur Zeit scheint Ihr Sohn sehr verwirrt zu sein!"

Manche Probleme von Klienten bekommen einen Teil ihrer Bedeutung dadurch, dass sie in der „Terminologie zur Beschreibung von Katastrophen" vorgetragen werden. In dem Moment, wo eine Erzählung sich verändert, etwa durch eine relativierende (anstatt einer absoluten) Sprache oder die Verwendung anderer Wörter, verändert sich auch die Bedeutung der Erzählung. Arnold Retzer (1996, 259) weist beispielsweise darauf hin, dass psychotisches Verhalten in dem Maße stabil bleibt, als die Betroffenen und ihre Angehörigen davon ausgehen, dass es ein Merkmal psychotischen Verhaltens ist, immer stabil zu bleiben. Sie haben sich entschieden, an die „Krankheit Psychose" (und ihre sprachlichen Implikationen: lebenslänglich, therapieresistent, nur stationär zu behandeln, völlige Verrücktheit, etc.) zu glauben. Positive Entwicklungen können eintreten, wenn „die Verflüssigung des Krankheitskonzepts" gelingt.

Vergleichbares ließe sich sagen (ausführlich Palmowski, 2010, 186 ff.) für den Umgang mit Diagnosen in pädagogischen Kontexten: Diagnosen „stellen fest"! Sie erzeugen eine statische Sichtweise, wo wir doch ganz im Gegenteil an Veränderung interessiert sind.

Es geht demnach auch bei derartigen Störungen und Zuschreibungen weniger um diese an sich als mehr um die Bedeutung, die ihnen in Sprache gegeben wird.

Insofern scheint es sinnvoll und hilfreich, immer wieder die Bedeutung von Wörtern zu erfragen oder zu präzisieren oder Alternativen anzubieten.

5.5   Das Reflektierende Team

Das Arbeiten mit einem „Reflektierenden Team" geht im Wesentlichen auf Tom Andersen (1990) zurück. Es ist auf den ersten Blick eine zeit- und personalaufwendige Vorgehensweise, aber andererseits ist sie von so hoher Effizienz und Nützlichkeit, dass man von ihr, wo immer es geht, Gebrauch machen sollte.

Entwickelt hat sich das „Reflektierende Team" folgendermaßen: In vielen systemisch arbeitenden Teams war es (und ist es hin und wieder auch noch) üblich, dass der oder die Berater sich bei Bedarf in den Nachbarraum zu ihren Kollegen zurückziehen, die das Gespräch hinter einer Einwegscheibe beobachten. Sie beraten sich dort – unter Ausschluss des Klientensystems – über ihre Beobachtungen, ihre Hypothesen oder über das weitere Vorgehen. Es ist naheliegend, dass in diesen Gesprächen oft Gedanken und Ideen formuliert werden, die von den Klienten als für sie selbst bedeutsam eingeschätzt würden, wenn sie denn die Gelegenheit hätten, diese auch hören zu können.

Die traditionelle Arbeitsweise lässt dies aber nicht zu, sie betont dagegen den Expertenstatus der Berater. Wenn man aber von konstruktivistischen Überlegungen ausgeht, dann entscheidet ja in jedem einzelnen Falle das Klientensystem, welche Aussage für das System welche Relevanz enthält oder eben auch nicht. Dies verändert die systemische Beratung weg von der Dominanz des Expertentums und der Intervention hin zu mehr Kooperation, dem Expertentum des Klienten und einer Position des „Nicht-Wissens" auf Seiten der Berater (vgl. Anderson, Goolishian, 1992).

Arist von Schlippe und Jochen Schweitzer schreiben:

„Die exklusive Diskussion des Teams hinter dem Einwegspiegel wurde zunehmend als erniedrigend für die Familie erlebt und eher nicht als ein Kontext, der Kooperation nahelegte. Nachdem die Arbeitsgruppe erlebte, wie durch ein technisches Versehen eine Familie die Debatte des Teams im Nebenraum verfolgen konnte und, anders als befürchtet, nicht etwa ärgerlich, sondern hochmotiviert, an- und aufgeregt reagierte, begann Andersen zunehmend mehr, den Familien zu ermöglichen, der Diskussion des Teams zuzuhören. (...) Sie fanden heraus, dass dies bereits

große Effekte hatte, und zwar Effekte, die Schlußinterventionen oder paradoxe Kommentare zu erübrigen schienen" (1997, 38).

Ein Reflektierendes Team ist also nichts anderes, als dass einige Kollegen des Beraters sich ein Gespräch anhören und anschließend (oder auch zwischendurch) im Beisein der Klienten sich über das austauschen, was sie gehört haben, wobei sie sich so verhalten, als wären die Klienten nicht (mehr) dabei. Dies gibt den Klienten wiederum die Möglichkeit, konzentriert zuzuhören, ohne gleichzeitig gedanklich an möglichen Erwiderungen arbeiten zu müssen.

Diese Reflexionen des Teams über das Gehörte müssen dabei sehr sorgfältig so gehalten sein, dass sie die Klienten nicht entwerten, bewerten, verletzen oder verunsichern, sondern so, dass sie das System stärken. Auf der Beziehungsebene bedeutet dies, allen Beteiligten Wertschätzung entgegenzubringen, Allparteilichkeit (Neutralität, Loyalität) zu zeigen und die Stärken des Systems zu betonen. Auf der Sachebene geht es darum, die Geschichte der Klienten anzureichern, durch veränderte Sprachspiele, Bilder, Metaphern, Figuren, Ideen, von denen man annimmt, dass sie für die Klienten hilfreich sein könnten.

Dieser Grundgedanke, dass man alles das beisteuern könne, wovon man glaube, es könne für die Klienten hilfreich sein, lässt sich sowohl in Richtung Negativa als auch Positiva präzisieren:

+ Es dürfte nicht sinnvoll sein, zu theoretisieren, pädagogisieren, hinterfragen, moralisieren, richtig und falsch zuzuordnen, nach Ursachen zu suchen, zu erklären, bewerten, oder gar die Schuldfrage zu stellen.

+ Es dürfte nicht sinnvoll sein, im Sinne von Wahrheiten zu formulieren („Der Vater muss sich zu Hause mehr durchsetzen!"), sondern angebrachter, nur von seiner ganz individuellen, subjektiven Wahrnehmung zu sprechen, und auch dies gegebenenfalls im Konjunktiv („Ich könnte mir vorstellen …"); die konstruktivistische Erkenntnistheorie steht absoluten Aussagen höchst skeptisch gegenüber, weil sie einen privilegierten Zugang zur Wirklichkeit nicht erkennen kann.

+ Je bildhafter ein Kommentar ist („Irgendwie erinnert mich die Frau an Dornröschen..."), desto höher ist die Wahrscheinlichkeit, dass die Klienten ihn mitnehmen, daher bietet es sich an, Episoden aus der Erzählung der Klienten umzuformulieren in einen Witz, eine Anekdote, ein Märchen, einen Abenteuerroman, eine Filmrolle oder -sequenz etc. Etwas überspitzt könnte man sagen, dass die kreative Kunst des reflektierenden Systems darin besteht, bildreiche und anschauliche Metaphern zu finden.

- Die Idee des Reflektierenden Teams ist selbst häufig mit dem Zusammenstellen eines bunten Blumenstraußes verglichen worden. Damit ist gemeint, dass nicht etwa ein gemeinsamer Gedankenfaden gesponnen wird, sondern möglichst viele, möglichst unterschiedliche Sichtweisen und Gedanken nebeneinandergestellt werden. Welche davon von den Klienten als relevant wahrgenommen und bewertet werden und welche nicht, liegt ausschließlich bei den Klienten selbst.

- Gelegentlich werden auch zwei entgegengesetzte Perspektiven aufgespannt („Also, wenn ich der Vater wäre, ich würde alle Medikamente sofort in die Toilette werfen!" – „Nein, würde ich nicht, der Junge nimmt diese Tabletten schon so lange, da wäre ich vorsichtiger und würde mich ganz behutsam ausblenden!") und überlässt es dann der Familie, sich in der Folgezeit für ihre Sicht der Dinge zu entscheiden.

Beispiel für ein Reflektierendes Team

Die Mutter eines vom Klassenlehrer als schwierig erlebten Schülers kommt zur Schule zu einem Elterngespräch, in dem, mit Beteiligung des Jungen, verschiedene unliebsame Ereignisse thematisiert werden sollen.

Der Klassenlehrer hat einen unbeteiligten Kollegen gebeten, die Beraterrolle zu übernehmen, da er sich selbst – schließlich hat er das „Problem" mit dem Schüler – als Teil des Problemsystems definiert und damit einer der Klienten wird.

Zunächst erläutert der Berater die Funktion der Zuhörer. Er sagt etwa: Sie sehen dort in der Ecke noch zwei Kollegen, die werden sich unser Gespräch anhören, und wenn wir vier hier fertig sind, dann machen wir etwas, was wir fast immer nach einem solchen Gespräch machen: Wir reden miteinander über das, was uns aufgefallen ist, was wir beobachtet haben, was uns besonders erscheint, was wir für Ideen haben usw. Und wenn Sie wollen, dann können Sie sich unsere

Gedanken gerne anhören und diese anschließend auch gerne noch einmal kommentieren. (Ich persönlich habe es in meiner langjährigen Praxis noch niemals erlebt, dass dieses Angebot von den Klienten abgelehnt worden wäre. Es ist sehr wahrscheinlich, dass die Mutter sagen wird: Sehr gerne, es interessiert mich sehr, was Sie für Ideen haben.)

Nachdem das Gespräch einige Zeit gelaufen ist, und Lehrer, Mutter und Sohn (oder erst der Sohn und dann die Mutter) ihre Sichten der Dinge vortragen konnten und der Berater seine „angemessen ungewöhnlichen Fragen" stellen konnte, wendet sich der Berater an das Reflektierende Team und bittet es um seine Kommentare. (Zur Erinnerung: Das Team spricht so, als sei es allein!) Folgendes könnte gesagt werden:

„Ich bin sehr beeindruckt, dass Frau ... hierhergekommen ist. Es zeigt mir, dass sie sich verantwortlich fühlt und sich engagiert für ihren Jungen, auch wenn sie manchmal ratlos scheint, was sie tun soll."

„Sie ist gekommen, obwohl sie hier wahrscheinlich eher eine Gardinenpredigt erwartet als ein Angebot zur Zusammenarbeit. Ich glaube, ihre Erfahrungen, die sie selbst früher mit der Schule gemacht hat, sind nicht besonders rosig – und trotzdem sitzt sie jetzt hier."

„Ich bin auch überrascht, was sie schon alles unternommen hat, damit es besser oder anders wird (Aufzählung!). Sie ist wirklich sehr bemüht. Sie schaut nicht nur tatenlos zu. Aber sie hat bis jetzt wohl meistens ziemlich allein gestanden mit ihren Versuchen, die Sache in den Griff zu kriegen."

„Ich habe auch so die Idee, dass die beiden (Mutter und Sohn) es nicht immer ganz leicht miteinander haben, aber noch viel stärker habe ich sehen können, wie wichtig sich die beiden sind, wie nah sie beieinander stehen und dass sie sich im Ernstfall sehr aufeinander verlassen können."

„Mir erscheint die Mutter wie eine Löwin, die ihr Junges beschützt, und dafür sogar in die Höhle des Lehrerlöwen geht. Ich wünschte mir nur, sie könnte sehen, dass der Lehrerlöwe ihr Junges ja gar nicht fressen will, sondern dass sie beide dasselbe Ziel im Auge haben."

Vorteile des Reflektierenden Teams

- Der erste und wichtigste Effekt ist sicher der, dass durch diese Art zu arbeiten für alle Beteiligten ein Optimum an neuen Informationen geschaffen wird. Der Klassenlehrer etwa schildert dem Berater seine Sicht des Schülers (in wertschätzender Form), und der Schüler und die Mutter hören zu. In direkter Kommunikation wäre dies wohl kaum so möglich. Eine noch ergiebigere Situation ist schwerlich vorstellbar.
- Die dauernde Anwesenheit aller Beteiligter und Betroffener führt dazu, dass alles Gesagte so vorgetragen und formuliert sein muss, dass es alle Mitglieder des Klientensystems stärkt.
- Der Spielraum dessen, was gesagt werden kann, wird möglicherweise erweitert, insbesondere, wenn es gelingt, ein „heißes Eisen" in eine gute und passende Metapher umzuformulieren.
- Der Grundgedanke des Reflektierenden Teams – in wertschätzender und hilfreicher Form über jemanden reden, der zuhört – kann überall da eingesetzt werden, wo zwei Pädagogen (Lehrer, Eltern, Erzieher), die mit dieser Arbeitsweise vertraut sind, gleichzeitig anwesend sind. In Grundschulklassen kann der zweite Pädagoge durchaus auch eine Handpuppe oder eine Marionette sein.

5.6 Arbeiten mit dem Genogramm

Ein Genogramm (ausführlich z. B. in McGoldrick/Gerson, 2005) ist die zeichnerische Darstellung eines (Familien-)Systems mit Hilfe von Symbolen, die eine bestimmte vorher festgelegte Bedeutung haben. Zum Beispiel

- ein Quadrat steht für eine männliche Person, ein Kreis für eine weibliche;
- alle Personen, die sich auf einer horizontalen Ebene befinden, gehören zur selben Generation;
- zwei ineinandergeschobene kleine Kreise symbolisieren Trauringe, etc.

Das Genogramm entspricht dem systemischen Denken, weil sich in einer solchen Zeichnung eben nicht nur die beteiligten Personen abbilden, sondern auch die zwischen ihnen bestehenden Beziehungen und die wichtigsten Muster, die diese Beziehungen bestimmen (Feindschaften, Krankheiten, Liebesbeziehungen, Bevorzugungen, Ablehnungen und vieles andere mehr). So lassen sich auf eine einfache und schnelle Art auch sehr komplexe Zusammenhänge erfassen und darstellen. Man gewinnt so, etwa im Gespräch mit den Klienten, schnell eine Übersicht über das Problemsystem, die sich auch als Grundlage für Fragen anbietet, weil durch die Zeichnung Sachverhalte sichtbar werden, die bei der Erzählung im Text versteckt bleiben oder überhört werden könnten

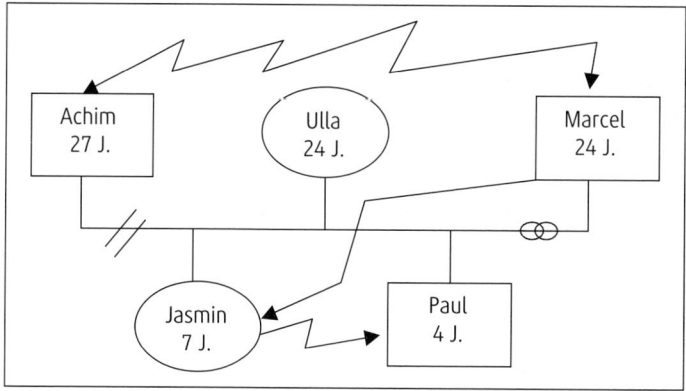

Diese kleine Zeichnung verrät uns Folgendes:
- Zunächst die beteiligten Personen: Drei Erwachsene und zwei Kinder.
- Zwei Männer – Achim und Marcel, eine Frau Ulla, ein Mädchen Jasmin, der Junge Paul.
- Ulla ist mit Marcel verheiratet, sie haben ein gemeinsames Kind Paul.
- Jasmin ist die Tochter von Achim und Ulla, die beiden waren einmal liiert, sind jetzt getrennt, das Mädchen lebt bei der Mutter.
- Jasmin ist die Symptomträgerin in dem System.
- Zwischen den beiden Männern herrscht hohes Konfliktpotenzial, Achim ist also noch „irgendwie anwesend".
- Jasmin ist eifersüchtig auf Paul.

- Marcel sieht in Jasmin die Wurzel allen Übels.
- Die Frau scheint zwischen den beiden Männern zu stehen.

Die Literatur (z. B. Schlippe, Schweitzer, 1997, 130 ff.) bietet zahlreiche Symbole an, mit denen man Genogramme aussagekräftiger gestalten kann. Man kann diese Symbolschrift in der vorgeschlagenen Form übernehmen, da es aber immer darum gehen wird, nur relevante Daten in die Zeichnung einzutragen, kann man bei Bedarf auch selbst kreativ werden. „Es ist möglich, bestimmte Teile des Genogramms farbig hervorzuheben oder um besondere familiäre Ereignisse, Einflüsse oder transgenerationelle Muster zu ergänzen. Familienfotos oder Gegenstände (z. B. ein Werkzeug des Großvaters) können dazu beitragen, die ‚Kreise und Kästchen‘ mit Leben zu füllen. Das Wichtigste bleiben jedoch die Geschichten, die zu den Genogrammdaten erzählt werden. Sie bilden den Hintergrund für ein neues Verständnis der Gegenwart" (Schlippe, Schweitzer, 1997, 131).

Wichtig scheint mir hier noch der Hinweis, dass viele Benutzer des Genogramms dieses vornehmlich als Mittel der Anamnese, also der Datenerhebung begreifen: „Es ist unsere Überzeugung, dass das Genogramm im Bereich der Forschung über Familien und Familienprozesse ein gewaltiges Potenzial besitzt, denn es stellt ein relativ einfaches, unaufdringliches, leicht zu aktualisierendes Mittel dar, um aktuelle und historische Informationen über eine bestimmte Familie zu sammeln" (McGoldrick/Gerson, 2005, 151). Gegen eine solche Sichtweise ist nichts einzuwenden.

Mir geht es jedoch eher um die alternative Möglichkeit, die im obigen Zitat von Schlippe/Schweitzer anklingt: Ein Genogramm ist ein wunderbarer Ausgangspunkt für das Erzählen von Familiengeschichten, von der Selbstverortung des jeweiligen Erzählers innerhalb seines Familiensystems, von Familienmythen oder Tabus, schwarzen Schafen, vergessenen Personen oder Ereignissen, und daraus ergeben sich wiederum zahlreiche Anknüpfungspunkte für angemessen ungewöhnliche Fragen.

5.7 Eine systemische Haltung

Ich komme nun zu einem etwas heiklen Punkt in meinen Überlegungen, nämlich zu der Aussage, dass erfolgreiche systemische Beratung zwingend so etwas wie „eine systemische Haltung" voraussetzt. Heikel deswegen, weil einerseits zwar jeder genau weiß, was mit dem Wort „Haltung" gemeint ist, andererseits aber dieses Wissen um die genaue Bedeutung dieses Begriffes sich um so schneller verflüchtigt, je genauer man es zu fassen versucht.

Königswieser und Hillebrand etwa verstehen Haltung als eine Einstellung, die „etwas mit Halt haben und geben zu tun (hat), aber auch... als Grenzziehung, Positionierung, Authentizität" (2004, 39). Die Bausteine von Haltung, die die beiden nennen, leuchten mir ein, ich finde sie notwendig, aber nicht hinreichend.

Authentizität etwa ist nach meiner Überzeugung eine notwendige Voraussetzung jeglicher Pädagogik, ja sogar jeglicher Beziehungsgestaltung. Personen, die wir als „nicht echt" erleben, begegnen wir mit Vorsicht und Vertrauensvorbehalt, und Lehrer, die von ihren Schülern nicht als authentisch erlebt werden, dürften wohl kaum erfolgreiche Pädagogen sein. „*Techniken* des Lehrerverhaltens allein sind unwirksam! Eine bestimmte pädagogische *Haltung* gehört dazu, die die Technik erst wirksam macht" (Bergsson, 1998, 50).

Andererseits ist „Haltung" nicht etwas, was man hat oder nicht hat, sondern etwas, was sich entwickelt, hier könnte ich mir eine Skala vorstellen, auf der „Haltung" den einen Endpunkt bilden würde und etwa rein instrumentelles Verhalten den anderen. Dann hätte jeder Haltung, eben nur in unterschiedlicher Intensität oder Ausprägung.

Diese relativierende Sichtweise gefällt mir vor allem auch deshalb, weil Haltung sich ja auch (weiter-)entwickelt und eigentlich gar nicht statisch gesehen werden kann. Die Paradoxie, die ich hier sehe, besteht für mich allerdings darin, dass die Entwicklung von Haltung meines Erachtens gebunden ist an das Trainieren, das Einüben von Techniken. Es ist wie bei dem Erlernen eines Instrumentes: Am Anfang steht das explizite, bewusste Üben und manchmal ist es ein langer Weg, bis eine entsprechende Kompetenz oder Fertigkeit auf der Handlungsebene erreicht ist, die uns ganz implizit zu Verfügung steht.

Ganz ähnlich erlebe ich dies bei Teilnehmern, die in unseren Kursen systemische Beratungskompetenz erwerben. Sie üben Beratungsgespräche, dabei sind sie (manchmal verzweifelt) auf der Suche nach „angemessen ungewöhnlichen Fragen", sie hätten eine wunderbare Lösung für das Problem ihres Klienten, aber weil sie ja keine Lösungsvorschläge machen dürfen, versuchen sie durch entsprechende suggestive Fragen, die Klienten auf ihren Lösungsweg zu bringen. Sie sind damit überfordert, gleichzeitig auf die Geschichte ihres Klienten zu achten, passende Fragen zu stellen und auf den Verlauf des Gespräches und hier hin und wieder Prozessfragen einzuflechten.

Irgendwann, wenn sie fortgeschrittener sind, merken sie dann, dass sie als Berater in aller Seelenruhe zuhören können, sich keine Sorgen um eine passende Anschlussfrage mehr machen, weil diese nämlich genau dann einfach da ist, wenn sie gebraucht wird. Sie haben sowohl die Geschichte als auch das Gespräch im Auge und sie arbeiten auch nicht mehr selbst an Lösungen. Sie haben eine systemische Haltung entwickelt.

Viele Kollegen erleben diese systemische Haltung auch in anderen als Beratungskontexten als nützlich. Die häufigsten Rückmeldungen von Absolventen unserer Kurse lauten:

- Ich habe meinen Schülern gegenüber eine ganz andere Sprache entwickelt, wir begegnen uns viel mehr auf Augenhöhe als früher, es wird viel mehr miteinander verhandelt und ausgehandelt.
- Ich beschäme meine Schüler nicht mehr und bemühe mich um eine positive und wertschätzende Sprache, und dies fällt mir auch nicht mehr schwer. Und weil ich meinen Schülern Wertschätzung entgegenbringe, erfahre ich auch Wertschätzung von ihrer Seite.
- Wir diskutieren weniger und dialogisieren dafür mehr. Es fällt mir nicht mehr schwer, andere Sichtweisen stehen zu lassen, weil niemand für seine Ansicht kritisiert wird, beteiligen sich die Schüler lebhafter.
- Ich kann heute viele Dinge sich ereignen lassen, bei denen ich früher massiv interveniert hätte. Ich versuche nicht mehr, etwas zu reparieren, was nicht kaputt ist. Fehler sind nicht mehr schlimm.

Aus diesen Beispielen heraus wird schon deutlich, dass die Entwicklung einer systemischen Haltung nicht nur von Vorteil für Beratungsgespräche oder Moderationen ist, sondern in alle pädagogischen Kontexte oder gar Lebensbereiche hineinwirken kann. Eine Teilnehmerin eines Ausbildungskurses in systemischer Beratung sprach diesbezüglich einmal von dem „point of no return". Sie meinte damit, dass sie spüre, wenn sie sich weiterhin mit systemischen und konstruktivistischen Sichtweisen befassen würde, so hätte dies Einfluss auf ihr ganzes weiteres Leben und dieser Prozess wäre dann auch nicht mehr umkehrbar.

6

Ausblick oder Einladung zum Dialog

Im letzten Abschnitt ist schon deutlich geworden, dass die Idee der systemischen Beratung nicht begrenzt bleibt auf Beratungssituationen im engeren Sinne, sondern dass sich diese Haltung, die damit verbundenen Denkmuster und die erworbene kommunikative Kompetenz auch in vielen anderen Kontexten als hilfreich und nützlich erweisen können. Deshalb werde ich in diesem abschließenden Gliederungspunkt einen kurzen Blick auf das Thema Schulentwicklung werfen und auf die mögliche Bedeutung, die man hier einer systemischen Beratungskompetenz zuweisen könnte. Ich werde hierbei meinen Blick auf das Thema sehr verengen und zwar dergestalt, dass ich davon ausgehe, dass die unbefriedigenden Ergebnisse vieler Schulentwicklungsprozesse neben anderen Faktoren auch damit zu tun haben, dass die vorhandene kommunikative Kompetenz nicht in hinreichendem Maße zur Verfügung stand, um solche Prozesse einladend, wertschätzend und allparteilich gestalten zu können. Viele solche Entwicklungsprozesse sind gescheitert oder nicht vorangekommen, weil keine hinreichende Transparenz hergestellt war, weil Entscheidungen gesetzt anstatt verhandelt wurden oder weil abweichende Sichtweisen schlichtweg ignoriert blieben. Umgekehrt könnte man demnach sagen, dass systemische Beratungskompetenz als kommunikative Kompetenz (die etwa darin besteht, Gesprächsrunden so zu moderieren, dass alle beteiligt sind und dass an Lösungen gearbeitet wird, statt an Problemen) sich auch als hilfreich erweisen könnte im Bereich von Schulentwicklung.

Ich möchte das Gesagte an der Idee des Dialogs vertiefen.

Einladung zum Dialog

Es gibt verschiedene Möglichkeiten, ein Gespräch zu organisieren, in dem es um gemeinsames Nachdenken geht oder die Herstellung von Konsens (oder den Konsens über den Dissens), das Kennenlernen der Ansichten anderer Beteiligter oder die Vorbereitung von Entscheidungen, die zu fällen sind.

Von entscheidender Bedeutung ist hierbei, inwieweit es um das Vortragen und Verteidigen von Wahrheit(en) geht oder um den Gedankenaustausch (gemeint im ganz engen Wortsinne) und das Nebeneinanderstellen von Sichtweisen.

Die Gesprächsform, in der es um Wahrheit, Recht haben und Überzeugungsarbeit geht, ist die Diskussion. Die Beteiligten sind zwar unterschiedlicher Meinung, aber dennoch jeweils fest davon überzeugt[6], im Recht zu sein. Also bietet man seine ganze argumentative Palette und sein rhetorisches Geschick auf, um den anderen von der Richtigkeit der eigenen und der Fragwürdigkeit der anderen Sichtweise zu überzeugen.

---

6   Zumindest müssen sie sich nach außen so zeigen, als wären sie es. Wer in einer Diskussion selber Zweifel an der eigenen Position äußert, hat schon verloren. Innere Inkongruenz, die eher die Regel als die Ausnahme sein dürfte, ist in einer Diskussionskultur nicht erlaubt. Wir müssen unsere Sichtweise immer so vortragen, als gäbe es nicht den leisesten Zweifel. Dabei ist es naheliegend, dass jemand, der eine felsenfeste Meinung vertritt, notwendigerweise Dinge übersehen oder ignorieren muss.

Die Diskussion

- In der Diskussion werden unterschiedliche Ansichten vorgetragen und verteidigt.
- Die eigenen Annahmen werden nicht in Frage gestellt, innere Inkongruenz wird außen nicht gezeigt.
- Die Diskussion führt eher zur Polarisierung als zur Annäherung oder zum Konsens.
- Die Diskussion orientiert sich im Wesentlichen an der „Wahrheitsfrage", „Recht" hat der, der die besseren Argumente vorträgt oder der über die geschliffenere Rhetorik verfügt.
- Die Diskussion bietet die Möglichkeit zur Überzeugungsarbeit und Missionierung. Jeder, der im Besitz einer Wahrheit ist, reklamiert für sich einen privilegierten Zugang zur Wirklichkeit.
- Die Diskussion kann eine nützliche Ausleuchtung der Gesamtsituation (und der enthaltenen Positionen) ergeben.
- Die Diskussion ist sinnvoll und notwendig, wenn Entscheidungen durch Abwägen und/oder unter Zeitdruck zu fällen sind.

Die paradoxe Erfahrung, die man in Diskussionen immer wieder beobachten kann, ist die, dass es so gut wie nie gelingt, die Gegenpartei tatsächlich zu überzeugen und sie ins eigene Lager zu holen. In aller Regel gehen beide Parteien als Sieger aus dem Gefecht hervor und die trennenden Gräben sind eher tiefer geworden. Die Erklärung hierfür liegt auf der Hand, sie liegt auf der Beziehungsebene und eben nicht in den Sachargumenten: Die Inanspruchnahme der richtigen Sichtweise beinhaltet immer auch eine Abwertung der Überzeugungen der Andersdenkenden und dieser selbst. Dennoch ist die Diskussion noch immer in vielen Bereichen unserer Kultur und Gesellschaft die übliche Form des gegeneinander Redens.

Nach meiner Auffassung ist die Gesprächsform der Diskussion nur dann sinnvoll und notwendig, wenn eine Entscheidung zu treffen ist. In diesem Falle muss man die jeweiligen Argumente für Pro und für Contra einsammeln und sie – als Entscheidungsgrundlage – gewichten.

Wenn man sich hingegen dafür entscheidet, die konstruktivistische Annahme zu teilen, dass Wirklichkeiten individuell und sozial konstruiert werden und deshalb entsprechend plural sind, dann bleibt als Gesprächsform nur der Dialog. Das Kriterium irgendeiner Wahrheit wird hinfällig. Heinz von Foerster: „Mein Ziel ist vielmehr, den Begriff der Wahrheit selbst zum Verschwinden zu bringen, weil sich seine Verwendung auf eine entsetzliche Weise auswirkt. Er erzeugt die Lüge, er trennt die Menschen in jene, die recht haben, und jene, die – so heißt es – im Unrecht sind. Wahrheit ist, so habe ich einmal gesagt, die Erfindung eines Lügners" (Foerster, 1998, 29).

Der Stellenwert der eigenen aktuellen Überzeugungen relativiert sich. Die eigene Meinung positioniert sich neben vielen anderen Denkmöglichkeiten und Sichtweisen. Zudem lassen sich keinerlei Kriterien mehr formulieren, die eine Beurteilung einzelner Aussagen als besser oder richtiger zuließen.

Aus dieser relativierenden Perspektive ergibt sich als Gesprächsform der Dialog, der es ermöglicht, eine Vielzahl von Sichtweisen und Anschauungen nebeneinander zu stellen, ohne dass man gezwungen wäre, andere anzugreifen oder sich selbst zu verteidigen. Man könnte neugierig werden auf die Sichtweisen anderer, weil man nicht mehr die Aufgabe hat, sie zu widerlegen. Ein solcher Gedankenaustausch ermöglicht auch die Entwicklung oder Erarbeitung einer gemeinsam getragenen Vorstellung von Wirklichkeit.

Der Dialog

- Der Dialog ermöglicht die Zusammenstellung unterschiedlicher Ansichten, die gleichberechtigt nebeneinander stehen und die so neue Einsichten für jeden der Beteiligten möglich machen.
- Der Dialog ermöglicht die Erforschung komplexer Zusammenhänge, ein konkreter Entscheidungszwang oder -druck besteht nicht.
- Im Dialog vertritt man seinen Standpunkt „sanft", man nimmt eine Position ein, ohne von dieser Position eingenommen zu werden.
- Der Dialog fordert und fördert gegenseitiges Vertrauen.
- Zum Dialog gehört die Idee eines größeren, gemeinsamen Bedeutungsreservoirs, das man nur gemeinsam, nicht allein erschließen kann (der IQ des Teams ist höher als die Addition der IQs der einzelnen Mitglieder).

- Der Dialog ermöglicht die In-Frage-Stellung und Untersuchung eigener Eingangsüberzeugungen und bisher unhinterfragter Annahmen.
- Kriterium ist nicht Wahrheit oder Richtigkeit, sondern Nützlichkeit und Bewusstmachung (viele unserer basalen Überzeugungen sind automatisiert und kaum reflektiert).
- Der Dialog orientiert sich an der Idee des Voneinander-Lernens und des Aufeinander-Neugierig-Seins, unterschiedliche Ansichten sind eine reiche Ressource.

Der Dialog ist die Gesprächsform in Beratungsgesprächen, die es dem Klienten ermöglichen soll, selbst die für ihn bestmögliche Lösung zu finden. Er kann eingesetzt werden bei der Klärung eines Konfliktes unter Schülern oder im Gespräch mit dem Kollegen. Aber auch Unterricht kann sich verändern, wenn man seine Inhalte „dialogisiert". Meine Erfahrung mit dieser Art des miteinander Redens ist die, dass Kollegien, Arbeitsgruppen oder andere Teams, die sich auf den Dialog verständigt haben, immer auch positive Entwicklungen auf der Beziehungsebene erleben.

Literatur

Andersen, T. (1990): Das Reflektierende Team. Dialoge und Dialoge über Dialoge, Verlag modernes Lernen, Dortmund

Anderson, H., Goolishian, H. (1992): Der Klient ist Experte. Ein therapeutischer Ansatz des Nicht-Wissens, in: Zeitschrift für systemische Therapie, 10. Jg., H. 3, 176–189

Bachmair, S. u.a. (1989, 4. Aufl.): Beraten will gelernt sein. Ein praktisches Lehrbuch für Anfänger und Fortgeschrittene, Psychologie Verlags Union, München

Baecker, D. (1997): Kybernetik zweiter Ordnung, in: Foerster, H. von (Hrsg.), Wissen und Gewissen, Suhrkamp, Frankfurt a. M., 17–24

Balgo, R. (1997): Vom Defizit zum „Profizit" – oder: von Lern- und Verhaltensproblemen zu möglichen Lösungen, in: System Schule, 1. Jg., H. 3, 90–93

Barthelmess, M. (2010): Welchen „Beraterhut" habe ich eigentlich auf? Systemische Beraterrollen zwischen Prozess- und Wissensberatung, in: Kontext, Zeitschrift für Systemische Therapie und Familientherapie, Band 41, H. 4, 308–318

Bateson, G. (1987): Geist und Natur. Eine notwendige Einheit, Suhrkamp, Frankfurt a. M.

Beck, A. (1986): Kognitive Therapie der Depression, Urban & Schwarzenberg, München

Berg, I.K. (1992): Familien Zusammenhalt(-en), Borgmann, Dortmund

Berg, I.K. (1993): Kurzzeittherapie bei Alkoholproblemen, Carl Auer, Heidelberg

Bergsson, M., Luckfiel, H. (1998): Umgang mit „schwierigen" Kindern. Auffälliges Verhalten, Förderpläne, Handlungskonzepte, Cornelsen, Berlin

Bichsel, P. (2002): Das Metzgerspiel, in: Bichsel, P., Eisenbahnfahren, Insel, Frankfurt, 41–44

Bildungskommission NRW (1995): Zukunft der Bildung – Schule der Zukunft, Luchterhand, Neuwied

Boscolo, L. u.a., (1992, 3. Aufl.): Familientherapie – Systemtherapie. Das Mailänder Modell, Verlag modernes Lernen, Dortmund

Boscolo, L., Bertrando, P. (1994): Die Zeiten der Zeit. Eine neue Perspektive in systemischer Therapie und Konsultation, Carl Auer, Heidelberg

Bucay, J. (2007): Komm, ich erzähl dir eine Geschichte, Fischer, Frankfurt a. M.

Cecchin, G., Lane, G., Ray, W. (1993): Respektlosigkeit, Carl Auer, Heidelberg

De Shazer, S. (1999, 7. Aufl.): Wege der erfolgreichen Kurztherapie, Klett-Cotta, Stuttgart

Deissler, K. (1988): Erfinderisches Interviewen, in: Familiendynamik, 13. Jg., 345–363

Ditzinger, T. (1997): Illusionen des Sehens. Eine Reise durch die fantastische Welt der optischen Wahrnehmung, Südwest, München

Dörner, D. (1992): Die Logik des Mißlingens. Strategisches Denken in komplexen Situationen, rororo, Reinbek bei Hamburg

Dorrmann, W. (1991): Suizid, Therapeutische Interventionen bei Selbsttötungsabsichten, Pfeiffer, München

Eco, U. (1989): Was es bedeutet, zwei Sprachen zu sprechen, in: Balhorn, H., Brügelmann, H. (Hrsg.): Jeder spricht anders, Formen und Vielfalt in Sprache und Schrift, Faude, Konstanz

Efran, J. u. a. (1992): Sprache, Struktur und Wandel, Borgmann, Dortmund

Ellis, A. (1977): Die Rational-Emotive Therapie. Das innere Selbstgespräch bei Problemen und seine Veränderung, Pfeiffer, München

Ende, M. (1973): Momo, Thienemann, Stuttgart

Feyerabend, P. (1984): Wissenschaft als Kunst, Suhrkamp, Frankfurt a. M.

Feyerabend, P. (1998): Widerstreit und Harmonie, Trentiner Vorlesungen, Passagen, Wien

Foerster, H. von, Pörksen, B. (1998): Wahrheit ist die Erfindung eines Lügners. Gespräche für Skeptiker, Carl Auer, Heidelberg

Freeman, J., Epston, D., Lobovits, D. (2000): Ernsten Problemen spielerisch begegnen. Narrative Therapie mit Kindern und ihren Familien, Borgmann, Dortmund

Frisch, M. (1976, 1998): Mein Name sei Gantenbein, Gesammelte Werke, Band 5, Suhrkamp, Frankfurt a. M.

Furman, B. (2008, 5. Aufl.): Es ist nie zu spät, eine glückliche Kindheit zu haben, Borgmann, Dortmund

Gergen, K. (1996): Das übersättigte Selbst. Identitätsprobleme im heutigen Leben, Carl Auer, Heidelberg

Gergen, K. (2002): Konstruierte Wirklichkeiten. Eine Hinführung zum sozialen Konstruktionismus, Kohlhammer, Stuttgart

Gergen, K., Gergen, M. (2009): Einführung in den sozialen Konstruktionismus, Carl Auer, Heidelberg

Glasersfeld, E. von (1996): Radikaler Konstruktivismus. Ideen, Ergebnisse, Probleme, Suhrkamp, Frankfurt

Grossmann, K. (2000): Der Fluss des Erzählens. Narrative Formen der Therapie, Carl Auer, Heidelberg

Hillenbrand, C. (1999): Einführung in die Verhaltensgestörtenpädagogik, Reinhardt, München, Basel

Juul, J., Jensen, H. (2004): Vom Gehorsam zur Verantwortung. Für eine neue Erziehungskultur, Patmos, Düsseldorf

Kleuter, A. (2010): Systemische Beratung von Mobbingbetroffenen, in: Kontext, Zeitschrift für systemische Therapie und Familientherapie, Band 41, H. 3, 210–224

Kleve, H. (2010): System als Problem. Eine Präzisierung der systemischen Perspektive, in: Kontext, Zeitschrift für systemische Therapie und Familientherapie, Band 41, Heft 1, 3–11

Königswieser, R., Hillebrand, M., (2004): Einführung in die systemische Organisationsberatung, Carl Auer, Heidelberg

Köthe, R. (2008, 2. Aufl.): Entdecker und ihre Reisen, Tessloff, Nürnberg

Kosellek, T. (2009): Systemisch oder systemtheoretisch? Zurück zur Unterscheidung, in: Kontexte, Zeitschrift für systemische Therapie und Familientherapie, Band 40, H. 2, 174–179

Kotre, J. (1995): Weiße Handschuhe. Wie das Gedächtnis Lebensgeschichten schreibt, Carl Hanser, München

Kraus, W. (1996): Das erzählte Selbst. Die narrative Konstruktion von Identität in der Spätmoderne, Centaurus, Pfaffenweiler

Krieg, P., Watzlawick, P. (2002): Das Auge des Betrachters. Beiträge zum Konstruktivismus, Carl Auer, Heidelberg

Kuhn, T. (1967): Die Struktur wissenschaftlicher Revolutionen, Suhrkamp, Frankfurt a. M.

Lakoff, G., Johnson, M. (2004, 4. Aufl.): Leben in Metaphern. Konstruktion und Gebrauch von Sprachbildern, Carl Auer, Heidelberg

Leinhofer, G. (1991): Verhalten als Botschaft. Auffälliges Verhalten von Kindern als Problem und Appell, Ludwig Auer, Donauwörth

Macho, T. (1996): Wittgenstein, Diederichs, München

Maturana, H., Varela, F. (1987): Der Baum der Erkenntnis. Wie wir die Welt durch unsere Wahrnehmung erschaffen – die biologischen Wurzeln der menschlichen Erkenntnis, Scherz, Bern, München, Wien

McGoldrick, M., Gerson, R. (2005): Genogramme in der Familienberatung, Huber, Bern

Meichenbaum, D. (1979): Kognitive Verhaltensmodifikation, Urban & Schwarzenberg, München

Menkhoff, I. (2007): Die Welt der optischen Illusionen, Parragon, Köln

Molnar, A., Lindquist, B. (1990): Verhaltensprobleme in der Schule. Lösungsstrategien für die Praxis, Borgmann, Dortmund

Mudry, A. (2005): Galileo Galilei. Schriften, Briefe, Dokumente, Albus, Wiesbaden

Natho, F. (2011): Liebe in der Partnerschaft – Grundgefühl oder kulturelle Konstruktion? Überlegungen zu einem Beziehungsideal und mögliche Konsequenzen für die Paartherapie, in: Zeitschrift für systemische Therapie und Beratung, 29. Jg., 4–12

Oestreich, C. (2010): Überleben? – Zurück ins Leben! Die Bedeutung der Lebenserzählung in der systemischen Behandlung traumatisierter Menschen, in: Zeitschrift für systemische Therapie und Beratung, 28. Jg., 100–110

Palmowski, W. (1995, 2008, 6. Aufl.): Der Anstoß des Steines. Systemische Beratung im schulischen Kontext, Borgmann, Dortmund

Palmowski, W. (1997): Faulheit aus der Sicht des Schülers, in: System Schule, 1. Jg., H. 3, 68 f.

Palmowski, W. (1998): Die autonome Schule – zu Risiken und Nebenwirkungen lesen Sie ..., in: System Schule, Jg. 2, H. 2, 14–19

Palmowski, W. (2008, 5. Aufl.): Anders handeln. Lehrerverhalten in Konfliktsituationen, Borgmann, Dortmund

Palmowski, W. (2010, 2. Aufl.): Nichts ist ohne Kontext. Systemische Pädagogik bei Verhaltensauffälligkeiten, Borgmann, Dortmund

Palmowski, W., Freyling, B. (1997): Kooperationsfördernde Gespräche mit Eltern durch Moderation, in: ZfH, 48. Jg., H. 2, 120–123

Palmowski, W., Thöne, E. (1995): Zirkuläres Fragen – Was war das noch?, in: Zeitschrift für systemische Therapie, 13. Jg., H. 2, 111–120

Passavant, C. von (1993): Teamberatung im Verständnis einer Systemikerin oder wieder den Team-Mythos, in: Neumann-Wirsing, H., Kersting, H. J. (Hrsg.): Systemische Supervision oder Till Eulenspiegels Narreteien, Institut für Beratung und Supervision, Aachen, 187–204

Penn, P. (1983): Zirkuläres Fragen, in: Familiendynamik, 8. Jg., 198–220

Penn, P. (1986): „Feed-Forward" – Vorwärts-Kopplung, Zukunftsfragen, Zukunftspläne, in: Familiendynamik, 11. Jg., 206–222

Popper, C. (1934, 1984, 8. Aufl.): Logik der Forschung, Mohr, Tübingen

Retzer, A. (1996): Die Behandlung psychotischen Verhaltens, Carl Auer, Heidelberg

Rigos, A. (1998): Eltern sind austauschbar, in: Der Spiegel, Heft 47, 110–135

Rosenthal, R., Jacobson, L. (1976): Pygmalion im Unterricht. Lehrererwartungen und Intelligenzentwicklung der Schüler, Beltz, Weinheim

Rowe, D. (1997): Genetik und Sozialisation, Beltz, Weinheim

Schildberg, H. (2001): Wie wir uns selbst erfinden. Die Kunst der Narration, in: System Schule, Jg. 5, 24–28

Schlippe, A. von, Schweitzer, J. (1997, 3. Aufl.): Lehrbuch der systemischen Therapie und Beratung), Vandenhoeck & Ruprecht, Göttingen

Schneiders, W. (2008, 4. Aufl.): Das Zeitalter der Aufklärung, Beck, München

Schulz von Thun, F. (1988): Miteinander Reden 1, Rowohlt, Reinbeck

Selvini-Palazzoli, M., Boscolo, L., Cecchin, G., Prata, J. (1977): Paradoxon und Gegenparadoxon, Klett-Cotta, Stuttgart

Simon, F., Rech-Simon, C. (1999): Zirkuläres Fragen, Carl Auer, Heidelberg

Speck, O. (1989): Pädagogische Beratung unter dem Aspekt ökologischer Kommunikation, in: Zeitschrift für Heilpädagogik, 40. Jg., H. 6, 361–370

Steiner, J. (1998): Ich sehe was, was du nicht siehst, Esslinger, Esslingen

Völkel, B. (2004): Auf den Blickwinkel kommt es an. Das Verhalten des Kindes ist passend, in: ZfH., 55 Jg., H. 5, 251–257

Watzlawick, P. (1967): Menschliche Kommunikation, Huber, Bern

Weakland, J., Herr, J. (1988, 2. Aufl.): Beratung älterer Menschen und ihrer Familien, Huber, Bern

Welsch, W. (1988): „Postmoderne". Genealogie und Bedeutung eines umstrittenen Begriffs, in: Kemper, P., (Hrsg.): „Postmoderne" oder der Kampf um die Zukunft, Fischer, Frankfurt a. M.

Welsch, W. (1992): Topoi der Postmoderne, in: Fischer, H. R., Retzer, A., Schweitzer, J. (Hrsg.): Das Ende der großen Entwürfe, Suhrkamp, Frankfurt a. M., 35–55

White, M., Epston, D. (2009, 6. Aufl.): Die Zähmung der Monster. Der narrative Ansatz in der Familientherapie, Carl Auer, Heidelberg

Wolff, G. (1978): Kindliche Verhaltensstörungen als sinnvolles Signalverhalten, in: ZfH, 29. Jg., H. 3, 145–155

Wüpper, E., Kock, H. (1992): Bei den Indianern, Arena, Würzburg